忘れられない仕打ちを赦す

私がたどった解放への旅路

リサ・ターカースト［著］
髙野美帆［訳］

いのちのことば社

FORGIVING WHAT YOU CAN'T FORGET **by Lysa TerKeurst**

Published by arrangement with HarperCollins Christian Publishing, Inc.
through Tuttle-Mori Agency, Inc., Tokyo.

ブライアン・ハンプトンと、彼の美しい家族……カレン・ハンプトン、ベン・ハンプトン、キャロライン・ハンプトン・コールの愛の記憶にこの本を捧げます。

私が過去十年間に執筆したすべてにはブライアンの影響がすみずみまであり、この本も例外ではありません。彼の優しい知恵、恵みに満ちたチャレンジ、素晴らしい独創性に耳を傾けながらこの本を紡ぎました。彼がとても恋しいです。あなたたち一人一人について語るときの彼の笑顔は、いちばん大きくていちばん輝いていました。

目次

はじめに　あの出来事を思う時、私は今でも涙します

あなたの人生をビフォー・アフターに分けてしまうような、心を深く傷つけた出来事はありませんか？　思い出すのも恐ろしい日々。唖然《あぜん》とさせられた会話。衝撃的な事実を発見してしまった日。事故の知らせを告げる恐怖の電話。離婚。自死。まだ信じられない、理解し難い不当な死。裏切り。離別。友が去っていったあの日。嫌悪に満ちた会話。魂に刻み込まれてしまった、あの人のあの発言。取り去られてしまった、あなたが持っているはずだったもの。愛する人の上に起こった残酷な出来事。目に入るはずではなかったEメール。裏面工作。違反。不当な非難。盗難。火事。銃撃。すべてが変わってしまったあの日。

人生を変えた瞬間。

それはまるで個人的な紀元前と紀元後です。キリストの誕生、人生、死、そして復活を示すこのことばは歴史の転換点を表すためのものですが、私たちが個人史の転換点を経験する時、それは惨事前と荒廃後を表すかのようです。

人生に線が引かれます。その線はあまりにも鋭く現実を分け隔てるので、今までの記憶すべてを引っぱり出し、汚します。何物にも代えがたい宝だった写真が、失われたものの思い出に変わります。ランダムに「四年前の今日」の動画が携帯電話に表示される時、息が止まる思いになります。

以前の人生。今の人生。あんなにつらかった出来事から前に進むなんて、可能なのでしょうか？　美しい人生を再構築するなんて、可能なのでしょうか？

人生で喜びを感じていた部分があの日爆発し、望んでいなかった「ビフォー・アフター」の転換点になってしまったのです。悲しみは、どんなかたちでもたらされたのであれとてもつらいものですが、もしその悲しみの火が誰かの選択によってつけられたものだったとしたら？　その出来事を思うたびにあなたが歯を食いしばるのは自然なことです。

あの出来事のことを常に考えていると感じるかもしれません。もしくは少なくとも、この深い痛みと不調を感じなくなる日はもう来ないと思うほど、多くの時間考えているかもしれません。不安、答えのない疑問、もう世界じゅうの誰も本当には信頼できないのではないかという思いが、傷ついた心に渦巻くのです。

職場で、カフェで、子どもの学校で、そして教会でさえも、周りの人々は自分の人生を生きるのに精一杯です。あなたがつらい記憶を呼び起こされて、もう世界に酸素が残っていないというくらいに苦しんでいるということに誰もまったく気づいていません。影響を受けているのはあなただけです。呼吸困難になり、汗が噴き出ます。さっさと次に進みなよと言われ、みんなの邪魔になっているからどいてと言われてしまいます。

あなたにできるのはただ、表示された写真を見つめることだけです。すべてが変わってしまったあの出来事以前の写真を見つめ、過去に戻って自分にアドバイスできたらと必死に願うのです。方向を変えて。避けて。逃げて。曲がって。そうしたらもしかして、あんなことにはならないかもしれない。

そうすれば今こんなところにはいない。衝撃の余波と死の灰の混乱の中に。悲しみとパニックの中に。自分は小さな小さな枝のようにもろいと感じるのに、同時に百年物の切り株のように動けない。

私もその気持ちがよくわかります。

あなた同様、私もこんな気持ちを知らないですむのならそうでありたかったと思います。でもよく知っています。私の前作『*It's Not Supposed to Be This Way*』（日本語未訳）をお読みになった方なら、その本を書き終えた時の私の状況をご存じでしょう。私はまだ、私の心を打ち砕いた夫の不倫を発見したあとの、長い不安定な時期を歩んでいました。地獄のような四年間の傷心の後、私たちは予期せぬ和解へと導かれました。感謝しています。でも私は、自分の人生を永遠に変えた出来事を経験したあとの、長く厳しい「自分を取り戻す旅」を通らなかったわけではありません。

私は今日も泣きました。結婚生活に問題があるからではありません。夫婦関係の修復は本当に感謝している恵みですが、この本のテーマはそれについてではありません。この本は、起こった出来事を忘れられないとき、また、赦しということばに嫌悪感すら覚えるときどうするかということについてです。

手を挙げて告白します。私が今日涙を流した理由はまさにこれです。もし共感してくださるなら、あなたは人生が「**ビフォー・アフター**」で区切られるのがどんなに酷なことか知っているのでしょう。もしこの世界で誰も、優しさを持ってこう言ってくれる人がいなかったのなら言わせてください。あなたに起きてしまったことを本当に、本当に残念に思います。

それが何か一つの出来事だったにせよ、誰かが役割を果たしてくれなかったり、するべきことをしてくれなかったり、守ってくれるはずだったのに守ってくれなかったりしたために時間をかけて積み重なった傷だったにせよ、あなたの傷は安全な場所で整理される必要があります。あなたの物語にとっての「彼ら」が誰であれ、彼らの行動があなたを傷つけ、何かを奪い、そして今もあなたに影響を与えています。そうあるべきではありません。

彼らを裁くことがこの本の目的ではありません。何が起こったのか、私はすべてを知りません。私は裁判官ではありません。でもあなたの痛みの証人です。

あなたの痛みは現実です。私の痛みも現実です。誰も認めてくれなかったのなら、私が認めます。

でも、友よ、私が学んでいることをそっとささやいてもいいですか？

そこにずっと留まり、彼らを責め、自分の人生を彼らがしたことで定義づけることは、あなたの痛みを増すだけです。もっと悪いことに、それは他の人にも影響を及ぼします。痛みが私たちを食い尽くすとき、私たちは痛みにコントロールされます。悲しいことに、私たちの未解決の痛みは、最も傷つけるべきではない人たちを傷つけるのです。

あの人たちは、あなたを、私を、そして私たちを取り巻く人たちを充分傷つけました。彼らは充分に奪い、被害はもうこれで充分です。だからあなたはこれ以上、大切で価値のあるものを手放さなくていいのです。すべての思い出をつらいものとしなくていいのです。どうやって前に進むのか、決めるのはあなたです。

数年前私の結婚が破綻した時、私は大切な思い出を手放さなくてはいけないと思いました。結婚生活は終わりで、それまでの人生もそれからの人生も編集が必要だと思いました。家じゅうを回って「私たち」の写真を全部取り除きました。お気に入りだった、家族の思い出の品々もしまい込みました。昔を思い出させるものから人生を振りほどこうとしました。ほかにどうすればいいのかわからなかったのです。でも思い出の品をすべて撤去しても痛みは去りませんでした。取り巻く環境を変えて、癒やしを無理に引き起こすことはできないのです。起こったことに対して、大丈夫なふりはできないのです。でも、あなたにできることがあります。それは、あなたが自分の思い出をどうするかについて、あなたを傷つけた人からの影響は受けない、と決めることです。あなたの人生は痛みと美しさの、恵みに満ちたコンビネーションになり得るのです。過去の人生に、どちらか一つのラベルを貼る必要はありません。両方でいいのです。

前進がなぜ難しいかという理由の一つに、手放すことの難しさがあるかもしれません。でももし、手放すべきことを手放して、美しくて価値のある、真実なものと共に前進することができるとしたらどうでしょうか？　この少し易しいバージョンの前進が、赦しへのハードルを下げてくれるかもしれません。もう充分なトラウマがあります。これ以上何も引き裂かれたくないし、取り去られてほしくありません。となると、何を残し、何を手放すかを決める必要があります。

必要なもの。持っていたいもの。

私は自分の結婚式のアルバムを、今でも喜びを持って眺められる自分でいたいのです。その先にあの恐ろしい現実が待っているとしても。写真に写るあの日は現実で、美しくて、大切にする価値があります。

みんなで楽しんだあのバケーションを、不倫に気づいていなかったということにフォーカスせずに思い出したいのです。家族みんなで笑い、自分たちにしか通じないジョークを言い合い、ゲームに夢中になり、おかしなダンスをし、夕飯を食べながらいつまでもおしゃべりをして、素晴らしい思い出を作ったのは事実です。リアルで、愛しい時間でした。私が確かに経験したことを否定したくありません。

おしゃれして家族みんなが笑顔で写っているクリスマスカードを見て、ばかみたいとか嘘くさいとか感じて卑屈にならずにいたいのです。写真がとらえた家族の親密さは現実で、とても愛しくて、私にとって完全に真実なのですから。

あなたにもそうあってほしいと願います。あなたの痛みの経験の中で、それがどういう意味を持つにしろ、あの写真、あの瞬間、あの人と一緒にいたあの時間がもしあなたにとってかつては喜びであったのなら、あなたはそれを持っていていいのです。

そして、他の耐えがたいほどの痛みを伴う思い出は手放しましょう。

そして喜びと痛みが絡まった思い出は、いる部分といらない部分に仕分けしましょう。痛みのために記憶をねじ曲げないでください。そして絶対に、痛みにあなたの将来を破壊させないでください。

第一章　赦しということばは諸刃の剣

結婚生活が壊滅状態に陥って最初の数か月は、心に麻酔を打ってほしいと思っていました。なぜ外科的に体を切り開かれるときだけ麻酔を打つのでしょう？　心を引き裂かれるのだって同じくらい痛みを伴います。

衝撃、心の傷、そして人間関係の破綻はありとあらゆる面で私の人生に影響を与えました。傷つかなかった部分はありませんでした。つらい現実を毎日味わいました。毎朝起きるたびに何か新しい悲劇が起こるのです。子どもたちも苦しんでいましたし、私は健康を損ないました。経済面も散々でした。夢にも思わなかったような手紙が弁護士から送られてきました。毎晩どうにかして眠りにつけたのは、明日はもう少しましな日になると自分に嘘を言い聞かせていたからです。

それは何日も、何か月も、そして何年も続きました。少しずつ、自分でも自分がわからなくなりました。以前は、強くて大概のことにおおらかな私でした。しかし不安と、パニック発作と、魂を盲目にするような痛みで混乱させられ、二度と健康や健全さを取り戻せないのではないかと

思うほどでした。そして、受け止めきれない大変な出来事をたくさん通ったので、楽観的だった私の視点には暗い雲がかかりました。

人間関係では、他人の長所を楽しむことができなくなり、相手への恐れに対処するのに精一杯になりました。笑い声は嘘くさく聞こえ、楽しむことは軽率だと感じました。他人の不完全さはネオンライトのように光って、私がまた傷つけられる危険性を叫んでいるようでした。日々のささいな出来事は最悪の事態で、ちょっとした苛立ちは感情的混乱で、損失はその大小にかかわらず、死に至る暴行のようでした。

正確には説明できないような重荷が心にのしかかりました。どう伝えたらいいかわからないのですが、その重荷は毎日違う顔を持って私に忍び寄り、私を抱き締めたかと思えば、切り裂いてバラバラにするようでした。

皮肉は私を守る警備員のように装い、多くを望まなければ自分を守ることができ、これ以上傷つくことがないと私に信じさせました。でも現実には、皮肉は仮面をかぶった盗人でした。私と愛する人たちとの間からありったけの親密さを奪っていったのです。そしてもっと悪いことに、私と神様の間の真実な親密さをも奪いました。

苦々しい思いは裁判官のようにふるまい、完璧な訴えを起こして自分を傷つけた人みんなが「有罪」とされるには、彼らの不正の証拠を握り締め続けなければならないと私に信じさせました。でも現実には、苦々しい思いはいのちを与える関係から私の魂を飢えさせる、隔離の判決でした。

憤りは「**正義**」と掲げた旗を身にまとい、痛みから解放される唯一の道は、私を傷つけた人たちが同じだけ傷つくことだと私に信じさせました。でも現実には、憤りは巧妙に仕組まれた罠でした。その歯は深く深く食い込み、私を苦しめました。そしてもっと悪いことに、私を前進できなくさせました。

遅延は映画館の案内係のように心に忍び込み、ポップコーンと、座り心地の良い椅子を提供しました。その椅子は私自身の悲しみでできていたのですが、そこにずっと座っていてもいいと私は信じさせられました。そしてあの出来事の映像を何度も何度も繰り返し見続けていいと。そうしていれば、なぜあんなことが起こったのか理解できる日が来ると。でも現実には、私がいたのは拷問部屋でした。あの出来事が上映されるたびに、願っていた答えが与えられるどころか、痛みはひどくなっていくのです。

そして最後に、**不信感**は極秘任務についている探偵のように偽装し、私を傷つける人を捕まえて、誰も信頼に値しないと証明できると私に信じさせました。でも不信感は現実には、信頼すべきでない数人だけを遠ざけるのではなく、私に近づくすべての人を窒息させる有毒ガスでした。

これらが私に戦いを挑んだ、「赦しの敵部隊」です。

彼らは、すべての傷ついた人たちに今この瞬間も戦いを挑んでいます。

私は赦しという概念が好きです。自分が傷つけられる側でない限り。

ですから私がこの本を書いているというのはおかしなことかもしれません。でももしこの旅路が私にとって簡単であり、私が赦しと葛藤しなかったなら、このメッセージを書くのに必要とされる苦悩を持ってこの本を書くことはできなかったでしょう。

自分の深い深い傷の中で、私はこう思いました。赦しは有害で、実現不可能で、不正なことをされたのに簡単に妥協して折れることだと。私は正義を叫び求めます。人生と愛のルールに従う人たちに祝福を願います。そのルールを破る人たちには罰を望みます。

行きすぎた願いでしょうか？

でもこの考えこそが私のお気に入りの居場所なのです。やきもきしながら他人の間違いに意識を集中させます。そして私と同じ考えを持つ人を集めて自分を正当化してもらうのです。

それはまさに、私が大学生の時のこんな出来事のようです。美しい観光地の駐車場で、私は自分が正しいことを示そうとしたのです。そこへ向かう車の中で友達と私の間に小さないざこざが発生しました。海岸に着いた時、友人たちは車から飛び出し、道をスキップし、何時間もビーチで楽しく遊び、冷たく気持ちいい波と戯れ、ピクニックランチを食べ、最高の思い出を作って過ごしました。その間ずっと、私は駐車場を自警団のように一人で行進していました。うだるほどの暑さの中、私の怒りはどんどん増していきました。

抗議の行進をすることで友達に教訓を授けようという思いに耽《ふけ》っていたのです。

でもその日、私の行動に影響を受けたのは私だけでした。私だけが楽しみを逃し、空腹で、私の間違った行動だけが話題に上りました。私の行動で罰せられたのは私だけだとわかり、帰りの車の中で一人、沈黙していました。

赦しの敵部隊はその日、自分たちの勝利に喜びの叫び声をあげました。私は自分を恥じ、敗北感に苛まれ、泣きながら孤独に眠りにつく、ありふれた女の子でした。その日の思い出は、ただただ苦いものでした。

あの日は、重要でもないことのために私が自分自身を見失った、ばかげた日でした。誤解のないようにお伝えしたいのは、私たちが経験する痛みの多くは、あのビーチでの出来事よりももっとずっと重要で複雑で困難であることを私はしっかりとわかっているということです。でもあの日の駐車場での出来事は、嫌な出来事に固執するとどうなるか、そして残酷な赦しの敵部隊が私たちをどこへ連れて行くのかということをとてもよく表しています。彼らが私たちを導く先は常に孤立であり、壊れた関係による感情的暗闇であり、積み重ねられた恥による霊的暗闇であり、駐車場のすぐ外にある美しさを見ることができないようにする、暗くされた視野なのです。

もし私があの日ビーチでいざこざを手放し、先へ進むことができていたなら？　もし私が今それをできたなら？

人生の美しさを再び見られるようになること、それがあなたに対する、そして私自身に対する私の願いです。赦しが武器です。前進するという選択が戦場です。進み続けることが旅路です。重荷からの解放が報酬です。信頼と親密さを再び得ることが甘美な勝利です。神様と共に痛みから癒やしへと歩むなら、私たちを待っているのは自由です。

これこそがこの本が伝えようとしていることです。痛みに対処する新しい方法——健全で役に立つ方法——を発見する旅です。

では、この本が何について「ではない」かということを確認して、安心してください。

これはあなたが経験したことや、百万回泣いた痛みを軽く見る本ではありません。また、虐待や責任放棄や不倫などを正当化するものでもありません。それらは他人がどういう言い方をしようと、捉え方をしようと、間違ったことです。また、この本は感情の力を軽視しません。痛みを感じるとき、記憶が呼び起こされるとき、愛してくれるはずの人から無視されるとき、大切にしてくれるはずの人からぞんざいに扱われるときにあなたが感情に押し流され、自分が無力だと感じるということを理解しています。

あなたや、あなたが愛する人に向けられた、残忍で恐ろしい犯罪を見逃しなさいと強要するものでもありません。

すべての人間関係はうまくいくはずだといって赦しを強要するものでもありません。時に関係の再構築は不可能で危険です。赦しと和解は別物です。不適切に混同されてしまったその二つを、この本は整理していきます。

この本は、あなたを指さし、非難し、説教するものでは決してありません。私はそのようなメッセージから学ぶことができないので、あなたにも押しつけません。この本は確かにあふれる恵みを提供しますが、その燃料は神様の真理です。結局のところ、恐れに満ちた心を和らげる安心をくれるのは恵みです。しかし私たちを自由にするのは真理です（ヨハネ八・三二）。恵みと真理は、聖書の中ではいつもセットで語られています（ヨハネ一・一四、一七）。もし私が恵みだけを差し出すなら、癒やしに本当に必要なものについて嘘をつくことになります。真理というのは時に耳に痛いものです。しかし神様は、真理が私たちの心と魂に本当に必要だということをご存じなので、それを下さるのです。神様の真理が私たちを自由にするのです。

赦しは可能です。でも不可能に感じられるときもあります。

赦しというのは神様の命令の中で最も異常なものの一つに感じられます。

与えるのは難しい。受けるのは素晴らしい。主から豊かに赦されているのに他者を赦さないとき、何か重い物が私たちの魂の中に形成され始めます。

諸刃の剣のようなことばだと思いませんか？

それは私たちが次へと受け渡さなかった、赦しの重みです。私がその重みを体験した理由は、赦しについての驚くべき深い真理を誤解していたからです。

赦しというのは、「私たちがするかしないかの選択肢を持っている苦行」ではありません。確かに赦しというのはとても難しいものです。でもそれはすでに勝ち取られたもので、私たちはそのわざにあずかる機会を与えられているにすぎないのです。赦しにおける私たちの役割は、歯を食いしばり、こぶしを握って、無理やりに頑張ることではありません。苛立ちと戦い、憤りと格闘することではありません。他者の言動に怒り、傷つき、恐怖の中にい続けることを正当化したいという思いに、涙ながらに抵抗することではありません。

でも私は、赦しとはそういうものだと思っていました。

赦しというのは私の努力、かき集めた勇気、絞り出す大人の言動、反抗の抑圧、そして感情にかかっていると。しかもその感情は、一瞬は真実に感じるけれども次の瞬間は嘘に感じるように移ろいやすいものなのです。そのように赦しを誤解するとき私は、イエス様が与えてくださったような赦しを真に与えることはできません。

ほかの人を赦せるかどうかは、イエス様がすでにしてくださったことを私が受け入れるかどうかにかかっています。受け入れれば、**私への**神様の恵みが**私を通して**豊かに流れ出すのです（エペソ四・七）。

赦しとは私が自分の意思でする行いではありません。

私が赦しのわざにあずかることによってのみ、赦しは可能になります。

神様との協働ということを私は理解していませんでした。

私たちが自力で赦しを与えられないことを、神様はご存じです。禁じられた実をかじる一口めが罪の最初の音になったまさにその瞬間からすでに、神様はそれをよくご存じでした。その後に続いたのは悪魔の非難の声と、恐れに満ちた男女の敗走の足音でした。アダムとエバは非難と恥が鳴り響く中、暗闇に逃れました。その残響が自分自身の口からあふれ出すのを、私たちは今も聞いています。そして彼らは隠れました。

罪を選択した瞬間から、私たちは暗闇を好むようになりました。

どうぞ忍耐を持って次の文章を受け止めてください。私が暗闇に走って逃げるのは、自分が間違いを犯したときだけではありません。誰かが私に罪を犯すとき、私を不当に扱うとき、傷つけるとき、もしくはただ単に不都合なことをするとき、私は暗闇に逃げ込んで、彼らに対してするべきことの正反対のことをしてしまうのです。私が最初にしがちなのは、彼らを祝福することではありません。忍耐することでもありませんし、ローマ人への手紙十二章の教えに従っておいしいランチセットとチョコシェイクをふるまうなんてもってのほかです。ありえません。

私が最初にしがちなのは、ほかの人がしているのを見ると私自身がいちばん批判的になることとまさに同じです。復讐の正当性を主張し、自分が傷つけられたのと同じ方法で相手を確実に傷つけようとするのです。罪を選択する時、暗闇が私の居場所です。でも勘違いしないでください。暗闇は私を覆うだけではありません。暗闇は私の頭上に常にあり、頭がおかしくなるようなあの重みを持ってのしかかるのです。

人間の心はごまかしに傾倒します。私たちは光の中で何かが明らかにされてしまうリスクを冒すよりも、暗闇の中を好みます。自由を望むのに、神様がしなさいとおっしゃることに単純に従うことに抵抗します。

神様はこれを初めから全部ご存じです。

だから神様は、私たちの力によらない道を作ってくださいました。赦しの道です。十字架で血を流し、贖《あがな》いがしたたっている手をイエス様は差し伸べてくださっています。それにつかまりましょう。私たちが隠すことしかできなかったことをイエス様は覆い、赦してくださいます。自力ではどうしても正せないことを赦してくださいます。イエス様は、ご自身の赦しのわざに、私たちが素直に協力できるようにしてくださるのです。私たちが赦しを受け、それを与えられるようになるためです。

私は心の底から信じています。差し出され受け取られた赦しこそが、ほかのどんなものよりも、イエス様の臨在を圧倒的現実として世界に知らしめるものです。

でもどうか、和解と贖いを混同しないでください。和解には、元に戻るための大変な苦労を厭わない人間が二人必要です。一方で贖いは、あなたと神様の間のことです。傷ついた人間関係が元に戻らなかったとしても、神様があなたの人生を贖ってくださいます。

人間関係が回復されなかったとしても、私たちは赦すことができます。問題が起きたことについて話し合う気もないかもしれない相手を待たずに、自由に赦しを与えることができるというのは、なんという解放感でしょうか。赦しというのは、人間同士の関係のために何かをするということに限りません。むしろ、神様が私たちにお命じになったことに従うということです。

赦しのわざと豊かに協働できる人ほど、贖いの美しさの中で自由にダンスできるのです。

そもそも、この美しい贖いとは、神様が差し出しておられる次のような交換条件を受け入れることです。

・あなたが手放すもの＝あなたを傷つけた人があなたに借りを返すこと、もしくは相手が、自分の行いの報いを受けることを求める権利。あなたが権利を手放しても、神様は対処してくださいます。それがどんな対処かを見る日が来なかったとしても、神様がそうしてくださることをあなたは知っています。

・あなたが得るもの＝前進する自由。あなたが見るべき人生の風景は、他人があなたを引きずり込んだ痛みの穴の中ではないのです。見るべきもの、発見すべきもの、体験すべきことが世界にはあふれています。何か良い物が埋まっていることを願って泥の中をはいずり回るのをやめましょう。宝なんて埋まっていないのです。神様の手を取り、赦しのことばを口から放ちましょう。それは美しい花の種を植えるようなものです。泥は、可能性を秘めた肥沃な土壌となります。あなたはじきに、美しく咲いた花の間でダンスすることになるでしょう。

しばらくの間、時々は涙を流すかもしれません。それでいいのです。赦す自由というのは、すべての感情からの瞬間的な癒やしではありません。しかし最終的に感情は恨みではなくあわれみへと変えられていきます。

そして、赦しのわざと豊かに協働できる人ほど、贖いの美しさの中で自由にダンスできることをあなたは知ることになるでしょう。

この文章を、ここにそっと置いておきます。あなたに何も要求しません。つらい体験のすべてをさっさと乗り越えて次に進めなどと言うつもりはまったくありません。深い感情というのは勢いよく私たちに押し寄せますが、同じ速さで去ってはいきません。時間がかかります。このメッセージを共にゆっくりと学ぶ中で、その時間を過ごせたらと願っています。赦しのステップを学ぶ前に、まず私たちのストレスへの対処メカニズムと、なぜ赦しに抵抗するのかを学びます。そしてもっと大切なこととして、自分を傷つけた人から影響力を奪うことによって、私はこれらすべてを切り抜けられると決断することを学びます。私たちの癒やしは彼らの努力に左右されてはいけません。特に彼らが変われない、そして変わろうともしていないときは。時間はかかりますが、癒やしは可能です。

赦しへの前進はほかにも次のような大切な要素を必要とします。

理解――あなたの理解が深まるように、私自身の深い痛みの、残酷で美しい現実を共有します。
洞察力――神様のことばの学び、抵抗の告白、不完全な歩みを通して私自身が得た洞察をあなたに伝えます。
神様の介入――これこそが、神様があなたに奥深く個人的に備えてくださるものです。私のことばを通してではなく、この本に織り込まれた神様ご自身のことばを通してです。

心を開くこと――それによって、神様をお招きするのです。心を開くことをあなたに強要しているわけではありません。むしろ私は、あなた個人への神様の啓示が優しく美しく花開くように、この旅にあなたを招待しているのです。そして何にもまして素晴らしいことは……私たちがこの旅路を共に歩めるということです。

第二章　私のテーブルへようこそ

私はグレーの木製テーブルの前に座ってこの本を書きました。多くの場合私一人で、そこには私のコンピューターと、涙と、聖書と、そして赦しに対する私自身の葛藤がありました。また時には、友人たちを招いて共に作業することもありました。彼らはこの本が伝えようとしているメッセージを、それぞれの人生の中で体験しました。

これこそが本を書くうえで、複雑で、素晴らしく、そして時にはつらいことです。メッセージのために人生は止まってくれません。本を書いている間にもさまざまなことが起こり、私に自問自答を迫ります。「このメッセージは日々の生活の中で本当に機能するの？　新たに勃発したこのつらい出来事の中でさえも？」と。人生は、赦すための新しい機会を私たちに与え続けてくれるのです。

だから私たちはグレーテーブルに集まって、聖書とこの本の教えに心を開き続けました。絶対に認めたくないほどの影響を現在の自分に及ぼしている、赦していない過去に向き合った人たちもいました。ひどくつらいことがあったわけではない人たちもいましたが、何度も何度も思い出してしまう痛みがどんなものであれ、分かち合う価値がありました。さまざまな出来事が積み重なっている場合もありました。つらい状況や痛みを伴う会話が散在するのです。そしてまた私たちの中には、明確な痛みに現在進行形で直面していた人たちもいました。

ある人の過去の恋人が婚約しました。彼との突然の別れが訪れた時に向き合った夢の終焉《しゅうえん》を、彼女は乗り越えたと思っていました。もう前に進んでいたと。しかし婚約の知らせが、まだ赦していなかったつらい感情をかき立てました。

ある人は友人の理解不能な選択によって一生涯の友情が崩れ始め、境界線を引かなければならないところまできていました。つらい会話は沈黙となり、そしてそれは、事実上の友情の終わりとなりました。

ある人は、この本のメッセージが、自分と家族が向き合うことになる恐ろしい状況の備えになるとは思ってもいませんでした。私が原稿を仕上げる直前に、彼の大学生のいとこが殺害されたのです。次にグレーテーブルに集まった時、彼はいとこの記念礼拝から帰ってきたばかりでした。記念礼拝では彼女のほほえみと幸せそうな様子に満ちた、彼女の美しい人柄そのものが表れたスライドショーが流れました。「なぜこんなことが起こりうるのか？　家族と僕はただただ呆然としている」

私たちは、ざらざらして、涙に満ちて、絶望的な経験をそれぞれテーブルに持ち寄って、赦しへの問いと格闘しました。そして、あなたは知らなかったけれど、私たちはいつもあなたのための席も用意していたのです。

ここでは、あなたは安心して問いを発することができます。あなたの心の痛みは優しく抱き止められます。あなたの考えを編集する必要はありません。あなたの魂が真実を求めているということが受け止められます。そしてあなたの抵抗は理解されます。友よ、グレーテーブルへようこそ。

あまりにも深く傷つけられたとき、赦しなさいという命令について考えることすら残酷に思えることを、私も知っています。もしくは、赦しというものは、多くの時間が過ぎたあとにいつか考慮するかもしれない、霊的な理論と思えるかもしれません。あるいはそれは、あなたがずっと避けてきた話題であり、話したくもないと思っていることかもしれません。

どれもわかります。本当にわかります。もし私がこのテーブルに招かれた側だったら、そのすべてを合わせたような状態になっていたでしょう。

私も個人的に、**赦し**ということばを聞く時に、さまざまな反応をした人生の季節がいろいろありました。自己防衛。敗北感。怒り。傷心。恐れ。苛立ち。混乱。だからこそ、とても大切なことをここであなたに保証したいのです。

痛みでくもった瞳で部屋を見回し、とてつもなく孤独を感じるのがどんな気持ちか、私も知っています。友よ、あなたはここで一人ではありません。そして、このメッセージと格闘するとき、あなたは裁かれません。

私の心がどれだけ深く傷ついたかを理解もできない人に、赦しはもっと簡単なはずだと指図されたくありません。躊躇《ちゅうちょ》していることを恥じるべきだと言われたり、もっと悪いことに、私の心がまだ聞く準備のできていない教えで重荷を背負わせたりしてほしくありません。

このメッセージを書くことは私にとって簡単ではありませんでした。格闘もしましたし、敗北感も味わいました。

赦しについて学ぶ中で、私たちの多くが経験する、抵抗を助長する数々の正当な感情を見つけました。あなたはどれに共鳴するでしょうか。

- 攻撃が繰り返されるのが怖い。
- 恨みを握り締めることによって、あまりに不公平に感じたあの状況をコントロールできるように感じる。
- 痛みが私の人生を変えてしまったのに、その経験が不条理だと誰も認めてくれない。
- 赦しはあの出来事を取るに足りないこととし、過小評価し、もっと悪いことに、大したことではなかったことにしてしまうように感じる。
- 私を傷つけたあの人に対してこんなに敵意があるのだから、赦すことは不可能である。
- まだ赦す心の準備ができていない。

・まだ傷ついている。
・相手は私に謝っていないし、自分がしたことが間違っていたと認めてすらいない。
・あの人との関係を再構築することは不可能だし、危険だ。私を傷つけた人と会話するなんて合理的ですらない。
・私はまだ、長くてつらい状況の中にいてもがいている。
・赦しがあの人たちに、私が関係を再構築したいと思っているという間違った希望を与えるのが怖い。そんな気持ちはない。
・あの人たちがもう私を傷つけないように、どうにか頑張って境界線を引くより、完全に無視してしまうほうが簡単だ。
・彼らがしたことはもう変えられない。だから赦しても意味がない。
・私を傷つけたあの人はもういない。話すことができない人を赦すことなんてできない。
・今赦したところで何もいい結果は生まれない。

粉々に砕け散ったあなたの心が胸の中で再形成されてもまだ、元どおり落ち着いたとは思えないとき、赦しというのは少し非現実的に思えます。

私たちは最初、「まだ早すぎる」と言います。

そして数年過ぎると、今度は「遅すぎる」と言うのです。

私はクリスチャンとして、赦すべきだとはわかっていました。もしかしたら、**赦し**ということばを使った、はっきりしない祈りをささやいたかもしれません。でもどうやって真に赦すのかわかりませんでした。キリスト教信仰で赦しというのは大きなものなのに、私たちのほとんどがそれについて教えられてこなかったというのは奇妙ではないでしょうか。

神様が赦すようにとお命じになったのを私たちは知っています。でもどうやって？　なぜ？　いつ？　例外はあるのでしょうか？

赦しについて千時間以上聖書を勉強しても、私の疑問が全部解決したとは言えません。赦しが簡単だとも約束できません。でも、私たちの魂がどうしようもないほど必要としている、赦しに関する真実を聖書が提示していると断言することはできます。その中でも最も良いことは、赦しがどう考えても不可能に思えるとき、神様ご自身が赦しの模範を示してくださったということです。

神様のみことばは、実体を持つ赦しを提供します。究極の神性と完全な人性を持つ、罪のないイエス様が苦しめられ、拒絶され、打たれ、恥を受け、唾をかけられ、あらゆる面で価値を否定されました。私たちが一分でも一人で苦しむことがないように、そのすべてを耐え抜いてくださったのです。

イエス様は、私たちのために流すことになるご自身の血に脈打つ、赦しの鼓動を持って私たちのもとに来てくださいました。そして、人間の弁明によって赦しがないがしろにされるのをお許しになりませんでした。私たちがもう これ以上赦すことはできないと思うちょうどその時、イエス様はご自分流の掛け算（七の七十倍）と、こんなにも神様から赦されている私たちが他者を赦さない可能性を少しでも考慮すべきではないとの宣言によって、その限界を吹き飛ばすのです。赦しは命令です。でも残酷な命令ではありません。むしろ、あまりにも簡単に痛みから憎悪へと向かってしまう人間の心への、神様のあわれみなのです。

では、赦して忘れろ、という格言はどうなのでしょう？　それは実は聖書に書いてあることではありません。忘れることができなかったとしても赦すことは可能です。苦々しさ、恨み、怒り、そして赦さないことによる重荷なしに前に進むことができるように、過去を手放しなさい、と私たちは教えられているのです。でも忘れることについて聖書は何と言っているでしょうか？　忘れることと赦すことが関連づけて聖書に登場するのは、神様が私たちの罪をお赦しになることに関してだけです。「わたしが彼らの不義にあわれみをかけ、もはや彼らの罪を思い起こさないからだ」（ヘブル八・一二）

加えて、虐待は見過ごされるべきではないので、安心してください。神様の限りない恵みはすべての人に赦しの道を与えますが、同時に神様の真理は、間違った行動が対処されるようにしかるべき制限を与えます。同じだけのあわれみと愛のむちを持って、境界線は確立されうるのです。

赦しが本当に不可能だと感じた時、私は変えることのできない自分の深い傷に正直に向き合い、不公平さについて葛藤しました。赦しを徹底的に見つめ、神学的に、道徳的に、倫理的に、理性的に考察しました。しかしおそらく最も良かったのは、イエス様ご自身の、不合理だけれど際限なく美しい行動を通して赦しを考察したことでした。

考慮されるべき複雑さはあります。赦しというものが、単に不便を被るようなことから残酷な殺人までを含む、あらゆる被害に適用されるとするならば、簡単に位置づけることは不可能です。一つの出来事の重大さに比べれば、ほかのことが非常にささいなことになります。でも神様との共同作業として行う赦しへの招きは、どの出来事にも及ぶのです。

もちろん、罪の重さと結果は結びついています。神様のあわれみが、神様の正義を無効にすることはありません。しかし赦しなさいという私たちへの命令はあまりにも明白で、避けたり拒否したりすることができないほどなのです。

でも、自分自身の痛みの中で泣きながら、赦しは可能だと考えることに抵抗した者として、私がこれらのことを軽い気持ちで言っているのではないことをわかってください。葛藤するあなたに恥をかかせるつもりはありませんし、あなたの疑いを責めることもしません。

自分を癒やしから遠ざけていたものを認める方法として学んだことがあります。それは、私が自分の痛みにどう対処しているかを、カウンセラーに教えてもらうことでした。

私は当時セラピーグループに入っていて、正直なところ自分の進歩にかなり満足していました。痛みが対処不能に感じた時に向かうものは、みんな実にさまざまでした。麻薬とお酒が最も多かったですが、動画配信サービスの番組や気軽な性関係に逃げ込むという人たちもいました。そんな中で私は聖書を持って座っていました。私が自分の状態を過大評価していると、カウンセラーは見抜いたに違いありません。

「ではリサ、あなたの対処法について話しましょう」

今回のセラピーではカウンセラーが合格をくれると完全に予期して、私はほほえみました。でも、そうはなりませんでした。代わりにこう言われました。「あなたは自分の経験を霊的に理解しすぎて、痛みと実際に向き合うよりも自分の感情を否定しているわね」

なんということでしょう。合格どころではありませんでした。彼女をにらみつけて、その発言を却下してやりたいと思いました。でも正直なところ、彼女は正しかったのです。彼女は私のうわべだけの姿勢、ポジティブさ、そして見せかけの皮をはいでくれました。

最終的に、私は自問しなくてはいけなくなりました。私は、こうであってほしいというレンズを通して人生を見ているのか、それとも現実を見ているのか？

過度で不健全なポジティブさや霊性、あるいは痛みを麻痺させる物質使用のような対処法は、短期的には私たちを生き延びさせてくれるかもしれません。でも長期的には対処の助けにはなりません。それらは、癒やされていない痛みの中に私たちを縛りつけるのです。いつかは次のようなことをやめなくてはいけません。

・起こったことを何度も何度も思い返すこと。

・過去に起こった悲惨な出来事を、そこまでひどくなかったと自分に思い込ませること。
・現実を認められなくなるほど、物事のあるべき姿を想像すること。

仮想現実の中に生きながら、目の前の状況が好転するのを期待することはできません。現実だと認めるのを避けているうちは、私たちは癒やされないのです。

私は自分のつらい過去から深く影響を受けてきました。でも、周りの人たちに、自分は大丈夫だと伝えることばを上手に飾り立てて、実際よりも良い状態にあると自分自身すらを説得してきました。しかし、その飾りを振り捨て、現実と向き合う時が来たようです。

飾りを取り払った現実に向き合うのが怖い一方で、私は、実際の現実を見つめることによって得た落ち着きに興味を覚えました。自分が本当にどのような状況にいるかをもっとよく見極められるようになり、自分の心のどの部分がまだ癒やしを必要としているかをもっと意識的に判断し、真に前進することができるようになったのです。

ですから私のカウンセラーは、自分の心が実際よりも癒やされていると見せかけようとした私の過度に霊的な宣言を、知恵を持って指摘してくれたのです。

・私は元気。大丈夫。前に進むって決めたの。
・私から離れていって残念なのは彼らのほうよ。

・最終的に神様がすべてを善きにしてくださる。
・クリスチャンとして、赦すべきなの。だから赦したわ。
・過去は過去よ。私は前進するだけ。大したことじゃないわ。
・感謝すべきことがたくさんあるのだから、私は感謝して生きることを選ぶの。
・なぜこんなことが起こったか、それがどんな影響を自分に与えたかということにゆっくり向き合う時間やエネルギーを持っている人なんているの？　次に進みましょうよ。
・私は成熟しているから、「なるようにしかならない」と言って乗り越えられるの。

あなたは「ちょっと待って……。これらは悪いことじゃないんじゃないの？」と思っているかもしれません。そうですね、私もそう思います。悪い状態に自分を**閉じ込めておく**ためにこれらの発言を利用しているのでなければ、悪いことではありません。でも、心の中は癒やされていない傷でいっぱいなのに笑顔を作ることは、将来の感情の爆発への予約のようなものです。

大変な思いをしてまで現実と向き合って、そこから癒やされるよりも、痛みを否定してしまうほうが簡単に思えることがあります。C・S・ルイスは言いました。「赦すということは美しいことだ、とだれでもが言う。しかし、戦争のように何か赦すべきものに実際ぶつかってみると、そんなことを言っていられなくなる。それにまた、そんなことを口にしただけで、轟々たる怒号を浴びせられることになる[注1]」

あなたが痛みで身動きが取れず、この章の最初にあった抵抗感情のリストに共鳴するとしても、もしくはこのすぐ前にあるリストのように、自分の痛みを否認していたとしても、一つ保証させてください。赦しは可能です。あなたの心は、癒やされていない痛みを持ち続けるにはあまりにも美しすぎます。あなたの魂は、その場に縛りつけられているにはふさわしくなく、自由を得る権利があるのです。

赦しは、あなたの痛みの上に、さらに耐えられない悲惨さを加えることではありません。赦しは、深く刻み込まれた恨みと、いのちを与える自由を交換することにより、否定することができないほどにはっきりと神様のお働きの神秘を示すことなのです。

地上では私たちは通常、肉の働きしか見ることができません。親切には親切が返されることが期待され、怒りに対して怒りが返されても誰も驚きません。それを毎日見ています。心臓が動いている人なら誰でも、他人の選択によってもたらされた傷、痛み、裏切り、傷心のストーリーを持っているかのようです。癒やされていない痛みは往々にして、制御されない痛みとして他者にぶちまけられます。非常に傷つけられるという体験は、非常にありふれたことなのです。

クリスチャンたちからでさえも。教会の中でさえも。かつては共に祈った友人たちからでさえも。どの部屋にも聖書があるような家に住んでいる家族の中でさえも。そして自分自身からさえも。痛みがあまりにも深くて個人的なとき、それに対して聖書的に反応するのは難しいことです。

痛みに痛みが増し加えられ続けているとき、最終的にキレないようにするのは至難のわざです。でも私は、自分のこの目で見たことをお伝えできます。それは印刷され、本になった文字では伝えきれないくらいの驚くべきことです。

神の霊の力により、肉の抵抗と赦さないでいることへの引力を誰かが覆すとき、それは衝撃的です。

それを目撃するすべての人にとって、最も珍しい瞬間の一つです。

触ることができそうなほどリアルな現実として、神の霊の証しを肉体的な目で見ることができる瞬間であり、忘れることができない瞬間です。

肉を恨む肉、心を憎む心、こぶしを殴るこぶし、プライドに対抗するプライドが満ちあふれるこの世界が、剣を手放して「赦します」と大胆にもささやく誰かを突然目撃する時……。**すべてが止まります**。

その発言の瞬間、悪は息絶え、天国は地上に触れ、そして福音の真実の最も豊かな証しが、その日だけでなくそのあと何代にも渡って反響し続けるのです。救いというものが、人間の肉体を神の霊と完全に結ぶものだとしたら、赦しというものは神様の真理が私たちのうちに生きていることの何よりも偉大な証しです。

そしてそれを見る人は誰も、その影響を受けずに生きていくことはできないのです。

私はあなたのための席をこのテーブルに用意しておいて本当に良かったと思っています。

第三章　生き抜くなんて可能ですか？

「赦しというのは、盲目にさせるような痛みの複雑さを解きほぐして、人生の美しさを見ることができるようにしてくれる、複雑な恵みである」

ある朝、私は自分の進歩にとても希望を抱いて、日記にこう走り書きをしました。午後になるまではそう感じていました。引き金を引かれるまでは。

前述したように、ひどく破綻した結婚というのは私の人生のストーリーの一部です。癒やされてきてはいますが、まだ傷が生々しい部分があります。そこは露出したばかりの神経だらけで、ほんのちょっと何かが触れただけで、私は反応したり後退したりしてしまうのです。

まるで神経が露出するまで進行してしまった虫歯のようで、呼吸をするだけでも痛みが走ります。リフレッシュさせてくれていた冷たい飲み物は、刺すような痛みを与えます。物をかむなんて完全に不可能です。自分を守らなければひどい痛みに襲われる可能性があるということを常に意識するようになります。でももちろん、私は忘れてしまうのです。そして油断しているときに、防御をおろしてしまった代価を支払うことになるのです。

むき出しの神経はそれが歯であれ魂であれ複雑で、常時守っておくことはほぼ不可能です。ですから、その日引き金が引かれて、生々しくて解決していない痛みが刺激された時に、私の口からは恨みに満ちたことばが吹き出したのです。指を鳴らすよりも短い時間で、私は元どおりになってしまいました。具合も悪くなりました。台なしでした。自分がしたと思っていた「進歩」はすべて、見せかけのように思えました。

赦しというのは本当に、なんとも複雑な恵みです。一体どうやって、私を盲目にさせるような痛みの複雑さを解きほぐして、再び人生の美しさを見ることができるようにしてくれるのでしょうか？　時にことばは実現可能に聞こえます。それを体現することを不可能に感じるまでは。つまらない美辞麗句です。

でもそうではない場合もあります。私がそれを日記に書いたのは、それを本当に体験したからでした。でも、じゃあなぜ私は別の時には、それを体現するのにこんなにも苦労していたのでしょうか？

頭がおかしくなるような重荷が私の元に戻ってきました。

私を傷つけた人たちに前よりもっと裏切られたように感じました。聖書に出てこないようなことばを口走りながら、赦しということばを日記から破り捨てたくなりました。私の心を叫びが駆け巡り、どんなに必死にそれを内に留めておこうとしても、できませんでした。そして私は何かを強く打ちつけたいという、抗い難い思いに圧倒されました。強く。とても、とても強く。玄関のドアをそうすることが最も手っ取り早そうでした。そこで私は乱暴にドアを開け、叫びながらドアを叩くように強く閉めました。両腕を振り回してすべてをぶつけました。私の中にあるもののすべてを。そして私が何度も何度も打ちつけたというのに奇跡的に割れなかった玄関ドアのガラスごしに、何かの動きを見たのです。

配達員の女の子が玄関ステップに立って、一部始終を見ていました。彼女はドアの外に立って、内側を見つめていました。私に小包を手渡そうとして。でも私の狂気でドアが揺れ動くたびに、彼女は後じさりしていました。

私はドアの内側に立って、外を見つめていました。私は、「自分の中だけの攻撃」が自分の中だけに留まっていなかったことに驚愕していました。私たちのどちらも、どうすべきかわからなかったのは明白でした。

やがて彼女は、配達物を玄関先に置いてその場から離れていきました。私は彼女を追いかけたいと思いました。説明して、謝って、クッキーをあげるか何かしたいと思いました。でも、大騒ぎしている女性が作ったクッキーを誰が食べたいでしょうか。代わりに、彼女がトラックに乗り込み走り去るのを私はただ見つめました。

その後、私は方向転換したと言えたらよかったのですが、そうはなりませんでした。引き出された感情が居座るのに任せ、私はその日一日じゅう不機嫌でした。そして私の混沌とした感情のはけ口となる筋合いのない私の周りの人たちが、完全に不安定な私の心の状態の影響を受けるはめになったのです。

私はもう、ただ傷つけられた側ではありませんでした。他者を傷つける側になっていたのです。だから私の魂を捕らえて離さない嘘の中でも最も痛みを伴うこの嘘で、私は憤り続けるのです。**あの人たちが私にこんなことをしたの。あの人たちのせいで私は今こんな気持ちなの。あの人たちが私にこんな行動をさせているの。逃れることのできない、完全には癒やされない、絶対に赦すことのできない、恐ろしい悲しみを私の人生の筋書きに書き込んだのはあの人たちなの。**

誰かに深く傷つけられたとき、彼らの人間性があまりにも欠如していることに衝撃を受けるのは自然なことです。もう二度と、自分の人生が彼らの人生と交差することがないようにと願うのは理解できます。あなたが今生きなければならなくなってしまった地獄は、**彼らの取り返しのつかない選択に究極的にそして直接的に関わっていると思うのも、**彼らの影に取りつかれているように感じ、彼らの残酷な行いを頭の中で何度も何度も繰り返し思い出す中で、彼らがあなたをどこまでも追いかけてくるように感じるのも、なりたくなかったような自分に永遠に変わってしまったように感じるのも、理解できます。

彼らがあんな選択をしなければ、あなたは絶対にこんな場所にはいなかったでしょう。私もこんな場所にはいなかったでしょう。こんなふうに大騒ぎして、叫んで、配達員の女の子を怖がらせるなんて。そして思うのです。「生き抜くなんて可能なの？」

私は再び自分の日記を取り出しました。自分が書いた赦しのことばの部分を破く代わりに、私はそれを打ち消すようにこう書きました。

「本当に残酷。乗り越えるなんて不可能に思える。聖書箇所は読んだ。神様の教えはもう暗記してる。赦しなさい、そうすれば赦されます。でも今はこれをどう人生に適用していいかわからない。頑張ったのに。赦しのことばを、言うべきとおりに口にした。それなのになぜ、怒りは私の心の中をまだ巡って、善くあろうとする私の思いを乗っ取って、私の口から飛び出してくるの？　赦しは私には無理みたいです。だからイエス様のように赦しなさいと言わないでください。私はイエス様じゃないんだから」

私は日記帳を閉じました。そして完全な癒やしから自分の心をも閉ざそうとする危険を冒しました。でも赦しのメッセージは私を追いかけ続けました。そしてこの本があなたの手に届いて、あなたがここまで読み進めたという事実が、このメッセージがあなたをも捕らえたかったという証しです。

読み進めてほしいと懇願する前に、あなたを励ましたいと思います。

赦す決意をしてほしいと言っているのではありません。今はまだ。私はそこからスタートできませんでしたし、あなたにもそうしてほしいとは言いません。私が願っているのはただ、あなたを傷つけた人からの影響力を取り除くことを考えてみてほしいということだけです。

私はあなたの痛みを取り除くことはできません。でもその痛みがあなたに与えている不公平な呪縛から解放されるためのお手伝いはできます。あなたを傷つけた人たちは、あなたの人生を最も支配させてはいけない人たちです。だから私たちはそこから始めましょう。

未解決の痛みは、抑えのきかない混乱を引き起こします。

あなたにとって、未解決の痛みを引き起こすきっかけと向き合うことは、私が予期せず体験したようにドラマチックではないかもしれません。あなたは叫んだり、怒鳴ったり、何かを強く叩きつけたりしないかもしれません。私だっていつもそうするわけではありません。でも、引き金が引かれたときの反応が外側に向かわず、内側に深く沈んでいき、ほかのかたちで大惨事を引き起こす場合もあります。

いずれにせよ、癒やしが機能し赦しが実践されていないのなら、混乱が起き続けるのです。

あなたの傷は無秩序な感情にはあなたを縛りつけていないかもしれません。もしかしたらそれはポルノや、薬物や、完璧を装うことや、ＳＮＳでこっそりあなたに連絡を取ってくるあの人とゲームをすることなどの、感覚を麻痺させる逃げ道として表れているかもしれません。もしかしたらそれは、お酒、無気力と無頓着、自己認識の欠落、すべての悪を他人になすりつけたりすることなどの中にいつまでも残っているのかもしれません。

あるいはそれはすねることの中に潜んでいたり、人を無視することを通して現れたり、あるいは他者を操ったり、何らかのかたちで支配しようとすることの中に表現されているかもしれません。

もしくはそれは、赦さないということにそう簡単に関連づけられないものの後ろに隠れているのかもしれません。でも痛みは投影されます。痛みは追いかけてきます。怒りはおとなしくしていないのです。何かがはい上がってきて、行動化されます。

私があなたの生活をスパイして窓からのぞき見をして、何が起こっているかを暴露しようとしているなどとは思わないでください。私は自分のことを打ち明けているのです。これらすべてが私の問題ではありません。でも、これらのうちのいくつかだけでも、**もう充分だ**と言うのに充分です。私は告白します。痛みの感情と、赦したいという願いは私の心の中であまりうまく混ざり合いません。だから痛みについて考えることから始めましょう。

痛みを負わされてしまったら、影響を受けないでいるのは不可能です。前述したように、痛みが私たちを食いつくせば食いつくすほど、それは私たちを支配します。あなたや私を傷つけたあの人たちは充分な痛みを引き起こしました。もう充分に痛めつけられました。では私は自分の痛みをどうすればいいのでしょうか。認めることです。そして痛みから引き起こされた自分の感情をどうすればいいのでしょうか？　自分が支配するべきものとして認知することです。そうです。

痛みは他者が引き起こしました。でも、その結果の感情は私が管理するべきものです。

自分のものだと認めていない感情は管理できません。状況に対する私の気持ちが改善するように、誰かが何かをしてくれることを待つわけにはいかないのです。もし自分が前進する前に誰かに状況を正してもらう必要があるなら、私はいつまでも癒やされないかもしれません。起こるかわからないことを待って、自分の成長を止めてしまうでしょう。

そうです。ここには「原因」と「結果」があります。私を傷つけたあの人は、痛みの原因かもしれません。でも彼らは私の痛みの癒やし主になることはできないのです。私の人生を再構築することもできません。

ここが、私の癒やしが何度も何度も頓挫した場所です。他者を責めるということは、変化をもたらす力を、私を傷つけた人に手渡してしまうことです。それはつまり、彼らが自分がしたことは間違っていたと認めない限り、私は無力であり、変わることができないと言っていることになるのです。もしくは、もしも彼らが自分がしたことが間違っていたと認めたとしても、その間違いが正されない限り私の人生は永遠に元に戻らないので、私は人生を変える力がないと言っていることになるのです。

だから勇気を出して私と一緒にささやいてみませんか。「**今日で終わりにする**」。一緒に言ってください。「**相手が状況を正してくれれば、栄光と希望に満ちた新しい人生を私が受け取れるよ**

うになるという、頑なで希望のない期待を追い求めるのを、今日で終わりにする」

見込みのない期待の中で、多くの人は動けなくなり、怒り続け、そして自分の人生から平安を欠落させてしまいます。でも希望に満ちた可能性の中でこそ、癒やしは可能に見えてくるのです。

私たちは、自分が探しているものを見ることになります。見るものが、視点を決めます。そしてその視点が現実となるのです。私は自分の現実が、昨日を書き替えたいという不可能な望みによって定義されるのをやめたいのです。何が起きたかという事実を受け入れ、それによって将来の希望をすべて失うことなしに、前進することを学びたいのです。

時代を区切る呼び方を覚えていますか？　ＢＣとＡＤ、惨事前と荒廃後。私は三つめを発見しました。それはＲＨ（Resurrected Hope）、復活した希望です。

今の時代が本当にこう呼ばれたらいいのにと思います。この呼び方こそが、私たちが実際に生きている時代を真に反映しています。今はキリストの死後二〇二〇年ではないのです。イエス様の死は現実には三日間しか続かず、イエス様の復活の希望が私たちを前へと進めてきたのですから。

希望の可能性を探し、希望を見るようになりたいのです。私が希望に気づき始めれば、その気づきは相乗効果をもたらすようになります。

今まで気づかなかったのに、自分はこういうタイプの車が好きだと気づいた途端に、次のドライブの時にその車を探しているということはありませんか？　そしてあなたが探しているから、その車がどこにでもあるように感じるのです！　近所に二台、信号待ちしている時に隣に一台、そして行き先の駐車場にも五、六台。今まで気づかなかったのに、急にその車がどこにでもあるなんて、どうなっているのでしょうか。おそらく、その車は今までもあなたの周りを走っていたのでしょう。でも探していなかったら、それに気づくことはきっとないのです。

これこそが、何かを探すという選択の相乗効果です。探しているものをもっともっと見るようになるのです。希望の場合、あなたが希望の根拠を見れば見るほど、希望があるということに確信を持つようになるのです。そして希望があるということに確信を持つなら、新しい視点が形作られます。そしてもっと良いことに、その新しい視点が新しい現実となるのです。

では、どこから始めましょうか。結局のところ、希望とは赤い乗用車や白いＳＵＶほど探しやすくはありません。でも何かを探し始めるのに最適な場所は、それを失った場所です。

私の希望が完全に失われたとは言えませんが、でもどこで薄くなり始めたかは特定できます。そこは私が人生、愛、そして神様に頼ることの真の美しさを見るのをやめた場所です。

この赦しのメッセージが私に届いた時に私がいた場所に戻りましょう。

そこでは赦しはまだ残酷に感じました。

そこで私は人生の美しさを見るのをやめたのです。

第四章　こんなふうに感じているのに赦しなんて可能ですか？

キャンセルすればよかった、と思いながらカウンセラーのジムとの面接に向かいました。でもこれはいつもの一時間のセッションではなく、一日集中コースで、すっぽかすにはあまりにも高額でした。

最近よく眠れていませんでした。目は腫れ上がっていたし、制汗剤を塗ったかどうか、どう頑張っても思い出せませんでした。前にジムのオフィスのトイレで見かけた桃の香りの芳香剤がこの非常事態を救ってくれるかと考えながら、次の休憩で試すのを忘れないようにしよう、と心に決めました。

全然話したくなかったし、ものすごく泣きたい気分でした。髪はドライシャンプーでごまかしていたもののベタベタで、きちんととかしていないので絡まっていました。手ぐしでどうにかしようと試みましたがあきらめて、頭のてっぺんで適当にまとめました。二日前に洗うべきだったと、充分にわかっていました。

でも人生が、最も不公平な方法で急に空っぽになったとき、誰にそんなエネルギーがあるというのでしょうか。空っぽというのは重さを持っていて、それに押しつぶされると、自分の見た目などどうでもよくなるのです。

「ジム、どうやって赦していいかわからない。起こったことを彼は申し訳ないと思ってないもの。私を傷つけたほかの関係者たちも。自分たちは何も悪いことをしていないと思ってるの。何とも思っていないのよ。彼らは人生のどんちゃん騒ぎをただ楽しんでるの。なのに私はカウンセラーのオフィスで、傷ついた感情に満ちて、自分の涙でおぼれちゃうんじゃないかと思ってるの。自分の中で一ミリも赦したいなんて**感じて**いないのに、どうやって赦しに取り組めるっていうの？　やりたくないわ。私は今ぼろぼろかもしれないけど、少なくとも正直よ」

今日は明らかに赦しに取り組むべき日じゃないし、ほかのことに焦点を当てるべきだとジムがわかってくれることを、私は完全に期待していました。向き合ったら益になる話題はほかにいくらでもありました。例えば「自分を清潔に保つこと」などが、最適なトピックだったでしょう。

私の抵抗についてジムが何と言ったか覚えていません。ただ覚えているのは、私たちが予定を変えなかったことと、その日私が赦しについて学んだことが私の人生を変えたということです。

私が赦したいと思っていなかったこと、また私の感情が協力的でなかったことを、ジムはまったく気にしていないようでした。むしろ彼の見立てでは、私の抵抗の強さが、その日赦しに取り組むのを妨げるどころか、助けたようでした。私は困惑しました。その時期、すでに多くのことで自分を責めていたので、そこに「赦しに失敗した人」というレッテルを加えたくはありませんでした。今こそあの桃の芳香剤を試しに行くべき時でした。

焼きたての桃のお菓子のようなにおいをさせながら私がオフィスに戻った時、ジムは私に手のひらより少し大きいくらいのカードの束を手渡しました。「リサ、癒やされたいという気持ちはある？」

「ええ」と私はうなずきました。それこそ私の望むものです。

すべてが暗く、混沌として、希望がないように感じるこの穴から出たい気持ちでいっぱいでした。でも癒やされ始めるには、この状況と、それに関わる人たちに対する自分の気持ちが改善されないといけないと思っていました。

その時点では、私の人間関係の多くがとても不安定に感じられていました。人生が爆発するとき、周りの反応はさまざまです。多くの場合、同情や思いやりを最高のかたちで見せてもらえますが、すべての場合ではありません。

自分の結婚生活の中で真実だと思っていたことを私は失いましたが、失ったのはそれだけではありませんでした。多くの人の予期せぬ反応があったのです。それに対するショックをうまく処理することにも必死でした。

この死の灰を整理するのに何年もかかるとわかっていました。

でも、その時点でもっとも複雑だったのは何よりも、夫のアートに何か月も会えていなかったということです。私たちは別居中でした。何層にも折り重なった複雑な現実が、私たちが向き合って座り、起こってしまった出来事に共に向き合うことを阻んでいました。

アートや、私を傷つけたほかの人たちと話し合ったり、償われたり、和解したりすることなしに、どうして癒やしのプロセスが始められるというのでしょう？

私は、すべてがあるべきようになる必要があると思いました。

まず、間違ったことをした人たちが、自分が間違っていたと認める必要があると思いました。もしくは、転覆してしまった私の世界を、少なくとも何かしらの正義が元どおりにしてくれる必要があると思いました。

そして公平性が感じられる必要があると思いました。

そうなれば、赦してもいいと私は思うかもしれません。そうなれば、私の癒やしも可能になるかもしれません。

でも、カウンセラーが話し続けている間に、物事が公平に感じられる日は来ないのかもしれないと私は気づき始めました。もしもすべてが理想どおりになって、私を傷つけた人たちが急に完全に悔い改めて、自分がしたことの責任を完全に負っても、起こったことは変えられません。被害がなくなりはしないのです。記憶が消えるわけでもありません。それで私が瞬時に癒やされたり、この状況が正しいと感じられたりするはずもないのです。

そして、私が傷ついた大きな出来事のうち、理想どおりになる可能性があるものはほとんどありませんでした。大きなもめごとが理路整然としていることはまれです。

つまり、私は自分の癒やしと、彼らの選択を分けて理解する必要がありました。私が癒やされる力というのはほかの誰でもない、自分の選択にかかっているのです。

私はカウンセラーのジムがずっと教えようとしてくれていた、「自分の癒やしと他者の選択を分ける必要がある」ことについてやっと理解できた瞬間を覚えています。その時私がどこに立っていたかもはっきりと思い出せます。私はイスラエルにいました。暑い日でした。涼しいところに行きたくて、ガイドが話を早く終わらせてくれたらいいのにと思っていました。でも彼が言ったことに、私は衝撃を受けました。「イエス様はエルサレムで、あまり多くの癒やしの奇跡を行いませんでした。少なくとも聖書に記されているものはほとんどありません」。私はイエス様の奇跡について読む時、ほとんどがエルサレムの中で、もしくは周辺で起こったと子どもの頃から想像していました。聖書を学ぶために聖地に何度も行っていましたが、八回めの旅で初めて、ガイドがその事実を指摘したのです。

ヨハネの福音書に記されている、エルサレムで行われたイエス様の癒やしの奇跡はたった二つです。一つは、五章にあるベテスダの池で行われた病人の癒やし。もう一つは、九章のシロアムの池での目の見えない人の癒やしです。

両方の奇跡で、癒やしは彼らが主に従うという選択をしたあとに訪れました。それは他者の行動に左右されない選択です。五章に出てくる病人は初め、多くの人が信じていたように、天使が水をかき回した時に池に入らなければ、と信じていたので、彼を池に入れてくれる人の協力が必要だと思っていました。だから、イエス様が「良くなりたいか」と尋ねた時、彼の答えは「はい！」ではありませんでした。代わりに、誰も自分を水に入れてくれない、と言い訳しました。

他者にしてもらう必要のあることに意識を集中させすぎて、イエス様がおできになることを彼が見逃しそうになったというのは驚くべきことではありませんか？　これは多くの意味で、私にとっても挑戦です。私は彼のように体が麻痺していたわけではありませんが、自分が思うように他人が協力してくれない限り自分が前進できないと思うのがどんな気持ちか、とてもよく知っています。でもイエス様は、その病人が固執していた他者については何もおっしゃいませんでした。

イエス様はただ彼に、床を取り上げ、歩きなさいと命じられたのです。そして聖書は言います。「すると、すぐにその人は治って、床を取り上げて歩き出した」（ヨハネ五・九）。癒やしは、その人とイエス様以外、誰にも関係のないことだったのです。

もう一つの奇跡、目の見えない人の癒やしはヨハネ九章にあります。

彼が周りの人についてどう思っていたかは記されていません。しかし、その人が盲目で生まれた原因は誰の罪にあるのかを弟子たちがとても知りたがっていたとは記されています。誰かにその責任がある、誰かが罪を犯したに違いないと彼らは信じていました。

イエス様は彼らの前提を覆しました。誰をも罪にも恥にも定めなかったのです。イエス様は、この人が盲目で生まれたのは「この人に神のわざが現れるためです」（ヨハネ九・三）とおっしゃいました。そして地面につばをして、そのつばで泥を作って彼の目に塗り、シロアムの池で洗うようにと命じられました。

イエス様はあわれみを持っておられました。

イエス様は力を持っておられました。

イエス様は他者の行動や責任感に、癒やしを左右させませんでした。

イエス様がお命じになり、目の見えない人は従いました。イエス様が癒やし、彼は前に進みました。

エルサレムで、ガイドは話し続けました。「ヨハネの福音書に記されている、エルサレムで行われたイエス様の癒やしの奇跡は二つだけです。一つは新しい歩み方を、もう一つは新しい物の見方を示しています」

彼のことばが何を意味したのか、すべてのニュアンスを理解することは私にはできません。でも、急いでノートを開き、この啓示をこう書き留めました。「私が前進すること、この暗闇の向こう側を見ることは、私と主との間だけのこと。他の人が何かをしてくれるのを待つ必要もないし、他の人を責めたり、恥をかかせようとしたりすることは誰にも何の利益ももたらさない。私はただ、神様が今私にお命じになっておられることに従うだけ。神様は私に新しい歩み方を与えてくださった。神様は私に新しい物の見方を与えてくださった。それは赦し。そしてそれは美しい」

私は癒やしを主の御手にゆだねる必要がありました。従順に神様に近づくために、自分ができることに焦点を当てる必要があったのです。そして神様が私に願っておられるのは赦すことでした。

私は私の癒やしを、相手の悔い改めと分けて考えなければいけませんでした。私が癒やされるかどうかは、相手が私の赦しを求めているか否かに左右されることではありません。それは私が赦しを与える意思があるか否かにのみかかっているのです。

そして私は私の癒やしを、物事の公平性とも分けて考えなければいけませんでした。私が癒やされるかどうかは、彼らが自分の不従順に見合う結果を受け取るかどうかに左右されるものではないのです。それは神様の正義がなることを信じる私の従順にのみ左右されます。たとえその結果を私が目にする日が来ないかもしれなくても。

私の癒やしは私の選択です。

私は癒やされることができるのです。私は赦すことができるのです。私は神様を信じることができるのです。そしてその美しい現実を私から奪うことのできる人は誰もいないのです。

癒やしには時間がかかります。でもいつかたどり着きたいと願うなら、私はそこに向かって前進しなければいけません。赦しというのは正しい方向への良い一歩です。そしてそれはただ良いだけではなく、必要な一歩です。

前進しないとき、私たちは自分の傷の中で身動きが取れなくなり、あの脅《おびや》かすような痛みの支配から逃れられなくなり、トラウマが根づきます。起こってしまった出来事を何度も何度も頭の中で再生するとき、それが現在も起こっているかのように私たちはトラウマを経験し続けるのです。恐怖の叫びを上げて時は止まり、私たちの心臓は激しく不規則で制御不能な鼓動を打ち、脳内では危険を叫ぶ警告音が鳴り響くのです。これは、迫り来る危険から自らを退避させるために、一時的には助けになるでしょう。でも長期的にこの状態でいることは、どう考えても健全ではありません。私たちは最終的には癒やしへと、休息の状態へと前進しなければなりません。私たちは最終的には、自分が傷ついた出来事を何度も何度も心の中で再生するのをやめなければなりません。「私たちの心身には帰巣本能が備わっている。それは安全が再構築され、ストレスホルモンが休むことのできる場所である」[注1]

前進というのは、良い行動であるだけではありません。

前進は重要です。

このフレーズを私は何度も読みました。「私たちの心身には帰巣本能が備わっている」

私の巣。私は家に帰るようにプログラムされているのです。ヘブル人への手紙十三章にはこのようにあります。

「私たちは、いつまでも続く都をこの地上に持っているのではなく、むしろ来たるべき都を求めているのです。

それなら、私たちはイエスを通して、賛美のいけにえ、御名をたたえる唇の果実を、絶えず神にささげようではありませんか。

善を行うことと、分かち合うことを忘れてはいけません。そのようないけにえを、神は喜ばれるのです」（一四～一六節）

「永遠の契約の血による羊の大牧者、私たちの主イエスを、死者の中から導き出された平和の神が、あらゆる良いものをもって、あなたがたを整え、みこころを行わせてくださいますように。また、御前でみこころにかなうことを、イエス・キリストを通して、私たちのうちに行ってくださいますように」（二〇～二一節）

来るべき永遠を楽しみにすることもできますが、御国の市民として生きるのをその日まで待つ必要はありません。私は今日、神様の御心に沿う赦しの生き方を実践することによって、永遠の都をこの地上に引き入れることができるのです。主の祈りを考えてみてください。「みこころが天で行われるように、地でも行われますように」（マタイ六・一〇）。神様の真実の安全の中で、私の心はもっとも家に近くなるのです。ヘブル人への手紙が言うように、そうすることができるように神様は私を整えてくださいます。神様がお命じになることを私がすることができるように力を与えてくださるのです。だから私は、神様がお命じになる赦しへと向かいます。そしてその時初めて、神様が差し出しておられる癒やしの平安を見つけることができるのです。

赦すのを拒否することは、神様の平安を拒否することです。私は平安を拒否するのに疲れていました。

だから、私はジムから手のひら大のカードを受け取り、アートについて何を赦さなければいけないのかを書き始めました。一枚のカードにつき、一つの事柄を。最初は私とアートの間で起こったことだけに集中することが重要でした。ほかの人やほかのつらかった出来事が思い浮かんだ時、私はそれを認めてカードに書き、あとで処理するために違う山にしました。

次から次へと、思いつくすべての、私を深く傷つけた出来事をカードに注ぎ出しました。ジムはそのカードを、表面を上にしてオフィスの床に、蛇のように並べるようにと言いました。そして私に、カードより少し大きい赤いフェルトの束を手渡して、一つ一つの事柄に赦しを宣言するように指示しました。赤いフェルトは、私たちを赦すためのイエス様の血と極限の犠牲を象徴するものでした。カードの上に赤いフェルトをかぶせることによって、私はついに、自分の赦しの宣言で出来事に封をするのでした。

傷ついた心というのは時に、聖い命令に従うのを拒否します。だからこそ、イエス様が十字架上でしてくださったことを、このプロセスに加える必要がありました。赦しの行為で、十字架ほど聖いものはありません。私たちの罪のために流されたイエス様の血こそが、私たちが自分で得たり、獲得したりすることのできない赦しを達成するための贖いの材料でした（詳細は原注を参照してください[注2]）。

自分の力だけで赦しを行うことがとても難しく、不可能にさえ感じられるとき、イエス様が流された血潮を取り入れることのみが道理にかないます。

「秘密を持っていたことに関して、アートを赦します。そして私の感情がまだ赦せないことは何でも、イエス様の血潮が確実に覆ってくださいます」

「結婚の誓いを破ったことに関して、アートを赦します。そして私の感情がまだ赦せないことは何でも、イエス様の血潮が確実に覆ってくださいます」

「私の信頼を裏切ったことに関して、アートを赦します。そして私の感情がまだ赦せないことは何でも、イエス様の血潮が確実に覆ってくださいます」

起こってしまった重い事実を一つ一つ注ぎ出しながら、一枚一枚カードを覆って、私は赦しを表明しました。それらの事実が私の記憶から消え去ったということではありません。それについては後ほど話します。でも事実一つ一つに対してこれをしたことは、私を自由にしました。それらの事柄は、ことばにされていなかったためにこんがらがり、赦すのが不可能に思えるほど大きい混沌《こんとん》となってしまい、私はそれを内に秘めていたのです。自分を圧倒していた悪夢の部分やパーツを一つ一つ、私は認めていきました。何が起こったかをことばにすることによって、私はこの混沌の中でやっと、自分に声があると感じることができました。

私の痛みはアートに認められたり、ほかの誰かによって立証されたりする必要はなかったのです。それはただ、ことばにされ――声に出され、認められ、実在すると確かめられ――光に照らされる必要があったのです。

事実のリストとして痛みを言語化するだけで、私の世界に尊厳が戻ってきました。

そしてイエス様の赦しに協働するということの意味に気づきました。それは、イエス様が私を見るように自分を見るということでした（傷ついているけれど、それでも選ばれ、赦される価値がある）。それはまた、イエス様がアートを見るように彼を見るということでした（傷ついているけれど、それでも選ばれ、赦される価値がある）。そしてそれは何よりも、赦しのプロセスに「感情的に」同意しなければならないというプレッシャーを私から取り除きました。私はただ、赦しに協力的であるだけでいいのです。感情がすべて元どおりになっていなくても。

見逃してほしくないのでもう一度言います。私はただ、赦しに協力的であるだけでいいのです。感情がすべて元どおりになっていなくても。

私の感情がまだ赦せないことは何でも、イエス様の十字架上のわざが確実に覆ってくださるのです。私の感情が整理され癒やされるには何年もかかるかもしれません。でも赦すと決断するのに、それを待つ必要はないのです。

その時私は、赦すという決断が、すぐに取るべき重要な一歩だと気づきました。それは、癒やしに向かう確実な進歩を私自身に保証するために心に記録しておくべき大切な瞬間でした。

そうでなければ、二歩進んで一歩下がったり、三歩進んで六歩下がったり、五歩進んで一歩下がったりするような癒やしの性質が、自分は全然進歩していないと私を疑わせたでしょう。計算してみれば、実際には前に進んでいます。けれども感情の癒やしというのは計算のように直線的でもなければ整理されてもいません。

引き出された気持ちが、強い感情を持って私たちの目をくもらせるとき、進歩というのは見えにくくなります。

そして、赦すと宣言したにもかかわらず心の傷によって引き起こされる怒りや混乱が瞬時に消え去らないとき、赦しの進歩というのは認めづらいものです。でも、どうか理解しておいてください。それは普通のことであるだけでなく、過程の一部なのです。

今から私が分かち合うことは、深く傷ついたときに、完成に向かう旅をやめてしまわないために最も重要な奥義の一つです。それは、赦しというのは決断であると同時に、過程でもあるということです。

あなたが、起こってしまった事実を赦すという決断をしたとしましょう。

そうするとその後、その事実があなたに残した影響を赦すというプロセスを歩み続ける必要があるのです。

すべてのトラウマには、初期の衝撃と長期にわたる影響の**両方**があります。私の場合では、初期の衝撃は夫の不倫の発見と、その結果として人生に瞬時に押し寄せてきたさまざまな変化でした。トラウマの初期には衝撃と惨状があり、それは私の人生の物語の事実となりました。その時期は終わり、何年もの癒やしの時間が過ぎましたが、今でも私は時々、悪い思い出につまずいてしまいます。誰かのことばに引き金を引かれて、予期せぬ痛みの波に圧倒されてしまうこともあります。さまざまな不安やばかげた思いをかき立てるような恐れに急に襲われてしまうこともあります。これが、トラウマが私に残した長期的な影響です。

例えば、信号無視した車があなたの車に追突し、あなたの足が数か所折れてしまったとしましょう。これが、起こった事実です。でも骨折が治ったずっとあとでも、もしあなたが足を引きずって歩いていたり、神経損傷を負っていたり、もしくはもう二度と走ることができなくなっているなら、事故の影響はあなたに残り続けているのです。

起こった事実に関して相手を赦したあとでも、あなたの感情的反応を引き起こそうとするものが常にあるのです。毎朝あなたはクローゼットにあるランニングシューズを目にして、自分のせいではないのに取り去られてしまった過去の楽しみを思い浮かべ感情が揺さぶられるのです。揺さぶられる感情は、すぐに消え去るような落胆から、関連する事柄すべての不公平さに対する恨みまでさまざまでしょう。あなたは頭の中で、加害者である運転手が世界の何にもとらわれずに自由に走りまわる場面さえ思い描くかもしれません。強い怒りが沸き起こり、不義を正すために何かしなくてはという思いに駆られるかもしれません。

でも怒りが沸き起こる時、混乱も沸き起こります。相手に対して赦しを宣言したのに。本気だったのに。一体どうして、この激しい怒りがあなたの心の中で、あの赦しの瞬間の隣に存在できるというのでしょう?

繰り返しになりますが、影響を赦し続けるというプロセスは赦す決断をしたあとでも続くということを、このような引き金は思い出させるのです。このケースで言えば、事故以前のようには足がもう動かないということを思い出すたびに、引き金が引かれるでしょう。

その時、あの最初のトラウマは、もう一度あまりにもリアルに現実のように感じられるのです。

そんな経験がありますか？　私にはあります。

そして私たちは考え始め……疑い始め……、そして希望を失うのです。赦しはうまくいかないのかもしれない。もしくは、**自分の**赦しはうまくいかないのかもしれない。そして自分に何か問題があるのではと考え始めるのです。ほかの人たち――もっと優れた人たち――なら赦せることが、私には赦せないのかもしれない。あるいは、私がされたことはあまりにひどすぎるのかもしれない。もしかしたら私が感情的に弱すぎるのかもしれない。

もしかしたら、ことばではああ言ったけれども心では本当に赦していなかったのかもしれない。

それもあり得るかもしれません。でも、赦すという決断に感情がまだ完全に追いついていなかったとしても、私たちが赦しを宣言して、現実との溝を主が埋めてくださると信じるなら、その決断は真実です。では、すでに赦した出来事に対して、この深い感情の葛藤はなぜ続いているのでしょうか。

赦すという決断は、傷ついた感情を元どおりにはしません。怒り、苛立ち、疑い、傷ついた信頼、恐れを自動的に取り除きもしません。

これらの感情に対処するために、私たちはまず、残された影響に関して相手を赦すというプロセスを始めなければならないのです。

覚えていますか。赦すという決断は、起こった事実を認めます。でもさらに長い赦しの旅路は、それらすべての出来事がさまざまなかたちで残した多くの影響——強い衝撃——に関するものです。

アートとの旅は長く、残酷でした。離婚が目前に迫っていると感じられる期間が数年ありました。結果的に和解したことに誰よりも驚いているのは私です。

大きく損なわれたものをゆっくりと元に戻す時間でした。

悔い改めがありました。赦しがありました。何かが長い間正しくない状態にあったからといって、時間をかけて正しい状態に戻せないわけではない、ということを受け入れました。私たちの両方が、個人的にそれぞれ癒やされました。そしてついに、二人で共に癒やされる時が来たという決断もなされました。

美しい、結婚の誓いの更新式をしました。

もしあなたといつか対面することができたら、その日の写真とビデオをぜひお見せしたいと思います。そしてもっと詳しいお話を聞かせてさしあげましょう。でもこれで話は終わらなかったことを知ってください。

前にも言ったように、こんなにも傷つけられてきたという事実を赦すと決断したとしても、その後何か月も、何年も、もしかしたら何十年も続く影響を赦し続ける道のりがあります。

私が自分の結婚生活の破綻から受けた傷は、アートによってもたらされたものだけではありませんでした。赦すべき人たちがほかにもいました。

結婚の誓いの更新式から何か月も経ったある日、私はアートと話していました。つらいことや重いことを話していたわけではありません。そしてアートが何気なく、ある友人の名前を口にしました。彼女は、すべてが崩壊していた時にとてもひどいことを私にした人でした。彼女の名前を聞いただけでどうしようもないくらいの重荷を感じるほど、私がまだ彼女に対して傷ついた思いを持っているとはアートは知りませんでした。

心臓がドキドキしました。

顔と、首の後ろが熱くなりました。

手に汗をかき始め、のど元が締まりました。

涙目でアートを見つめて、私は言いました。「彼女の名前を聞くだけで、こんなに圧倒された気持ちになるの。赦したのに。私がどんなに傷つくか彼女がわかってなかったって私はわかってるの。彼女がしたことを神様が良いことのために用いられたっていうことまでわかってるの。でもそれなのに、私はまだこんなに悩まされてる。彼女のことを考えるたびに、体がこんなに反応してしまうくらい強い感情が湧き上がってくるの」

そして理屈に合わないのは、私が赦さなければならなかったほかのいろいろな出来事と比べて、彼女がしたことは重大ではなかったということです。でもその影響を私がまだ感じていたせいで、その被害は深くなっていたのです。だから私は、その時感じていたことすべてに対して、またしても赦しの瞬間を持つ必要があるとわかりました。

以前に私が赦した時は、ただ彼女がしたことを手のひら大のカードに書き、赤いフェルトで覆いました。でも今回は、その出来事が残した影響に対して同じようにする必要がありました。

「私の痛みに無神経であったこと、私をおとしめたり裁くような発言をしたりしたことに関して、彼女を赦します。私の心に湧き起こり続ける不安と、ほかの友達を信頼するのを難しくさせていることに関して、彼女を赦します」

共にこの赦しのエクササイズをした時にカウンセラーが持っていた手のひら大のカードも赤いフェルトも私はその時持っていませんでした。だから私は目を閉じて、心の中でそのエクササイズを行いました。そして祈りで締めくくりました。「そして私の感情がまだ赦せないことは何でも、イエス様の血潮が確実に覆ってくださいます。アーメン」

赦しが決断であり過程であるというのはこういうことです。あなたが受けたすべての害は、赦さないことからの解放を宣言するはっきりとした瞬間を必要とします。赦さないことは、私たちを捕虜にし、前進させないようにするからです。

しかしそれでも解決しない感情と葛藤するというのは理解できます。カウンセラーが私に説明してくれたように、起こった事実を赦すというあなたの決断は、特定の瞬間に起こります。でもその事実から派生した影響が引き起こす感情のすべてと向き合うことは長期にわたるでしょう。

　このエクササイズは、起こった事実を正したり、変えたりはしません。でも、痛みの中でのたうち回る以外にできることを与えてくれます。私は、友人がしたことと、自分の傷に過剰にこだわろうとするのをやめることができ、代わりにアートとただ共にいるということに戻ることができました。

　以前だったら、引き出された感情は、私たちの会話を完全に脱線させていました。友人によって引き起こされた感情的痛みを不当にアートのせいにして、大混乱に陥っていたでしょう。そして会話が終わる頃には私たち両方が傷つき、アートも、かき乱された私の感情は自分のせいだと感じたでしょう。私も、なぜ私のことをもっと理解してくれないの、とアートを恨んだでしょう。私たちの間を引き裂こうとする敵の計画にまんまとはまり、どれだけ多くのエネルギーを浪費したことでしょうか。でも今は、それを避ける方法を私たちは知っています。

　どうか、私の進歩を過大評価しないでください。同じような会話で、あまり良い結果にならなかったことが何度もあります。それでも私は成長しているのです。アートもそうです。そして、大事なことは、赦し続けるというプロセスを歩み続けることだと私は知っています。

＊＊＊

そうです。引き金というのはものすごくやっかいで、そしてひどく不都合なものです。でも私は新しい光の中でそれを見始めました。以前は、新しい引き金にすべてを思い出させられて、トラウマ的な出来事の影響と何度も何度も向き合わなくてはいけないのは不公平だと思っていました。

どうして一回赦せばそれで終わり、とならないのでしょうか。傷つけられる。赦す。前進する。でもそれはもしかしたら、神様のあわれみなのかもしれません。

アートのことですでに傷ついていた私が、その友達のことでさらに傷つき、もし感情的衝撃が全部一度に私を襲っていたら、私は死んでいたかもしれません。大げさに話しているわけではありません。感情によって、私の体は深く影響されました。私の前著を読んだ方なら、トラウマが最悪だった時期に、結腸がねじれて体内の血流を止め、私が死にかけたことをご存じでしょう。緊急手術となり、結腸の大部分を除去して、救命救急病棟で何週間も生死の境をさまよわなくてはなりませんでした。

執刀医は後に、私の体内の傷は非常に深刻で、まるでバスにひかれた人のようだったと教えてくれました。私たちは自分の痛み、恨み、そして赦さないことに執着することの結果を物理的に見る機会はほとんどないでしょう。でも私は、手術中の自分の写真を見ました。そして、感情的トラウマというものが物理的なものと同じだけの威力と影響力を持って私たちに打撃を与えると、これ以上ないほど強く確信しています。

アートと私が向き合っていた物事の衝撃が、全部一度に私に襲いかからなかったのはとても重要でした。少しずつやってくる衝撃に何日も、何週間も、そして何年もかけて向き合うことができたのは、多くの意味で神様の恵みでした。

癒やしに取り組めば取り組むほど、引き出された感情に対する理解が深まりました。引き出された感情は以前ほど私を消耗させなくなり、以前ほど激しくはなくなりました。でもそれらは、私が行きたくない場所に私を連れて行こうとするエネルギーを内に持っているので、今でも私を困らせます。泣きたい、何もかも締め出したい、怖い、脅《おび》かされている、と今でも私は感じます。でも今は、前よりもずっと上手に、それらの感情に対処できるようになりました。今では毎回反射的に反応することはありません。以前のように、引き出された感情が私を完全に脱線させることもなくなりました。だから私は、落ち着いて感情と向き合い、時間をかけて整理するのです。

それがどんな感情で、そしてそれに対してどうすればいいのかを、以前よりもよく判断ができるようになりました。判断の助けになる質問のリストを持っています。例えば、つらかった時期の写真を見て悲しみの波が私を襲うなら、その写真に関する何が真実で、何が真実でないのかを分別するのです。

そして、失ったものを悲しむ時間を自分に与えてあげます。

それから、かき立てられる可能性のある、恐れの感情に注意を払います。これはあの時の恐れの名残なのか、それとも今、何か警戒すべきものがあるのか？　そして相手に対する感情を「良い」「ニュートラル」「イライラする」「傷ついている」「怒っている」「報復したい」などのものさしではかります。また、これは誰かと一緒に話しながら向き合うべきことなのか、それとも自分一人でノートに書き出して処理できるものなのかを見極めます。

そして、彼らが引き起こした痛みというのは、彼ら自身が負っている痛みから来るものであることを覚えます。それは彼らの行いを正当化しません。でもそれを知ることは、彼らが苦しんだ痛みに対して、私が思いやりを持つことを助けてくれます。彼らの過去の詳細を知る必要はありません。ただその気づきによって、私の心のフォーカスが、彼らの行動から、彼らがどんなふうに傷ついたのであろうかということに移るのです。そしてそう思いやることで、私たちはお互いに、自分の道を見つけようとしている人間である、という共通点を見出すのです。赦しのプロセスにおける思いやりと共通性の大切な役割については、後の章で取り上げます。

彼らを通して私にまわってきた痛みは、絶好の機会であると、今まで以上に知りました。その痛みは私を通して、また他人に浴びせられる可能性もあります。あるいは、私がそれを今ここで止めることもできます。この瞬間の私の決断によって、世界が少し暗くなるか、少し明るくなるかが決まるのです。

だから私は頭を下げて、心の中で手のひら大のカードと赤いフェルトを取り出して、主の赦しのわざと協働します。「この人のあの時の行動が、まだ私に影響を与えていることに関して、この人を赦します。そして私の感情がまだ赦せないことは何でも、イエス様の血潮が確実に覆って

ください ます」

赦すごとに、さらなる癒やしと明確さがもたらされます。美しい決断がなされるごとに、暗闇は癒やしの光の色合いへとゆっくりぬり替えられるのです。

第五章　点を集める

アートとの間に起こったことがあまりに残酷だった理由の一つは、私が二十五年近くも精神的支柱にしていたことがそれによって跡形もなく消え去ったからです。人生でつらいことが起こると、私はいつも自分に言い聞かせていました。「少なくとも、私とアートの関係は大丈夫」。アートに出会う前、私は男性から距離を取るという信念を持っていました。私の人生は男性によって打ちのめされてきたからです。だから私は自分に言い聞かせていました。「男性に心を開いてはだめ。彼らは心を盗む。頼りにできるのは自分だけ」

アートだけは例外にしました。長い間、私はその決断を喜んでいました。

そしてすべてが変わりました。

さまざまなことがわからなくなりました。自分が赦しについて何を信じているのか、どうやって前に進んだらいいのか、次に何をしたらいいのか、何もわからなくなったのです。「私とアートの間が大丈夫じゃなくても、私は大丈夫」と言えるようになりたいと思いました。でも私はま

だそこまで到達していませんでした。そうなりたかったですが、その前に取り組むべきことがありました。私を大丈夫な状態ではなくさせていた筋書きや信念について整理する必要があるとわかっていました。

前章に記したように、カウンセリングはこの過程において重要でしたが、毎週友人たちとグレーテーブルに集まって、自分たちの人生の物語を反芻《はんすう》することも同じくらい重要でした。赦し、苦々しい思い、人間関係における葛藤などについて話す中で、それらの多くが幼少期とつながっていることを私たちは発見しました。過去の経験によって、人生経験を理解する筋書きを書いているということがわかり始めました。その筋書きが信念となり、私たちの行動を形作るのです。

私たちはみな、物語を持っています。自分に言い聞かせるための物語も持っています。過去を振り返るのは怖いことでもあります。でももし完全に癒やされたいのなら、カーテンの後ろに何があるのか理解するために、自分の物語を深く掘り下げる必要があります。時にその旅路のもっと大きな部分は、過去前にあることだけに関係しているのではありません。赦しは私たちの目が私たちに何を教えようとしているのかをひも解くことです。私たちの経験は、撚り合わせられた一本の糸です。その糸は、過去の経験によって形作られた私たちの信念と、今日この瞬間までをつないでいます。ですから、つらいとしても、やってみましょう。まず私から始めます。私の物語を読みながら、私の人生に今日も響いている信念を形作る糸がどのように織り込まれているのか見つけてみてください。

＊＊＊

私と、私の心がなぜこんなふうに反応するのかを理解するためには、まず私の母を理解しなくてはいけません。私の人生の大部分で、母は私にとって最も大切な人でした。母は、隔離病棟で療養中だったシングルマザーのもとにエイプリルフールに生まれ、すぐに孤児院に入りました。母がなぜ孤児院に入れられたのか詳しくは知りませんが、母の母が結核と診断され、自分の余命がわずかだと思ったからだと聞いています。母の祖母は母の存在を知り、孤児院に彼女を迎えに行きました。その頃には生後六か月になっていた母は、戸籍上はリンダでしたが（そして今もそう呼ばれています）、なぜかその孤児院ではルツと呼ばれていました。理由は今でもわかっていません。

母の祖母は正式な親権を取得し、ノースカロライナの大きなタバコ農場にある小さな白い家に母を連れていきました。なぜ母の母が、退院後でさえも、きちんとした母親になるためにするべきことをしなかったのか私にはわかりません。わかっているのは、彼女は母を小学校から誘拐しようとして、先生たちが母を救助しなければならなかったことが何度かあったということです。でも母はこのことで、自分が母親から求められているのだとは感じませんでした。代わりに母は、自分を産んだ女性を恐れるようになりました。そして、母がわずか小学校一年生だった感謝祭の日に、母の祖母は急に亡くなりました。それでも産みの母は、なすべきことをしようとはしませんでした。

ですから母は、彼女の祖父と、彼女を愛してやまない二人のおばたちに育てられました。母は溺愛され、大いに喜ばれて育ちました。おばたちは結婚することなく、一度も引っ越しませんでした。今でも彼女たちは、生まれた時から八十年以上同じ家に住んでいます。彼女たちは、自分の姉妹が迎えに来なかった小さい女の子――私の母――を育て愛するために自分の人生を生きたのです。

母は、静寂に満ちた家の中でにぎやかな存在でした。周囲に溶け込もうとする人たちばかりの家の中で、大胆な存在でした。バーバラおばさんがほうきを探していたので、母は考えもせずに階段の上からほうきを投げ、それが思いがけずおばさんの頭に強く当たり、意識を失わせてしまったこともありました。ほかにも母の幼少期のエピソードはたくさんあると思いますが、私が今思い出せるのはこの話だけです。この話は母の人柄と、彼女の情熱とエネルギーがいつでも注意深さを上回ってしまうことを実によく表しています。

母は夏にはタバコ農場で働き、通った新設高校の最初のホーム・カミング・クイーン（卒業生たちを招いて行うイベントで選ばれる「クイーン」のこと）になりました。母は美しく、勇気があり、人気者でした。

母の若い時の話で私が知っているのはこれくらいです。

母は高校卒業と同時に結婚したので、私が生まれたとき、母自身もまだ大人になったばかりでした。

私が生まれて最初の二年間、軍人だった父は派遣されており家にほとんどいませんでした。私と母にはすぐに強い絆が生まれました。その絆は、私の父の両親の家の隣のトレイラーハウスで、理想的とは言えない環境で暮らす限界を克服する力でした。

あの小さなトレイラーハウスで過ごした時間のことを母はほとんど話しません。すべての家具がプラスチック製だったということ以外は。母はどこかの時点で、私たちが相棒になれるように、私が赤ちゃんでいる段階を飛び越えるべきだと思ったようです。彼女には友達が必要でした。そして聞くところによると、私は喜んでその必要を満たしたようです。

わけがわからないかもしれませんが、これからお話しすることは百パーセント真実です。古い写真で証明できます。私が生後六か月の時、母はピンクのおまるを使って私にトイレトレーニングを始め、生後八か月には私は歩き、そして二歳になる頃にはアメリカ合衆国への忠誠の誓いをちゃんと言うことができました。私が特別に頭の良い子だったとか、発達が早かったということではありません。それは、とてもつらい状況にいた若い母親がすべてを注いだ結果であり、私だけが孤独から抜け出す片道切符であることに母が喜びを見出していたからです。

私と母は笑い、遊び、空想ごっこをしました。その世界では私たちはとても華やかな生活をしていて、優雅で、行きたいころにどこでも行くことができました。経済状況や、他人の意見や、子どもが欲しくなかった父親によって、私たちの想像力が制限されることはありませんでした。

母にとって私がいちばん大切で、私にとって母がいちばん大切でした。

その時期のルールはあまり覚えていません。基本的なものはあったかもしれません。例えば、甘いシリアルは禁止。寝る前にしなければいけない三つのことは、歯を磨くこと、トイレに行くこと、お祈りをすること。私は今でもそのルールを守っています。母の緑の瞳と濃い色の髪と同じくらい、そのルールは私の一部となっています。

幼少期のルールであと一つだけ覚えているのは、焼く前のクッキー生地を食べてはいけないということです。なぜだめなのか理解できませんでした。トレイラーパークで私たちの隣に住んでいた父方の祖母は、金曜日の夕食の前菜に生肉を出していたからです。「生焼け」ではありません。冷蔵庫からそのままテーブルに出る、本当の生肉でした。子どもから見てもそれは明らかに異様な感じがしました。でも、大人が生肉を食べていいなら、生のクッキー生地くらいどうってことないと私は正当化して、スプーン一杯を盗み食いするために何でもしました。

私はいつも、祖母は世界でも裕福な人たちの一人だと思っていました。シアーズのカタログから注文していたし、車にはドアが四つあったからです。祖母は潔癖症で、とても細かい人でした。塩がトッピングされたクラッカーを食べるとき、祖母は私を毛布の上に座らせ、一口食べるごとに角をなめて、くずが落ちないようにさせました。

私が三歳半くらいの時、赤ちゃんが生まれると聞かされました。母がどのようにそれを私に伝えたかは覚えていません。でもそれが喜ばしい知らせではないと思ったのは覚えています。他人が私たちの世界を侵略しようとしていると感じました。

妹が生まれるまで、私は問題を起こしたり母に叱られたりした記憶がまったくありません。でも妹が生まれた時、人間関係のルールも生まれました。叩いちゃだめ。優しく。妹を起こしたり怖がらせたりしないように、声は心の中で。順番に。持ち物はシェアして。ピザの最後の一枚は妹にあげなさい。この間はあなたが先だったんだから、今回は妹に先にやらせなさい。手をつないで。助けてあげて。

妹はツンツンした濃い色の髪をしていて、チョコレート色の瞳と、ピンクのベビーローションと母のにおいが混じった香りを放つオリーブ色の肌の小さい女の子でした。彼女を受け入れるのに大いに戸惑いました。でも母は上手に、私が妹をチームの一員として見るのを助けてくれました。妹は、私と母の人生を隔てたり減らしたりするのではなく、もっと楽しく、もっと満ち足りて、もっと面白くしてくれる存在だと。そして妹が成長して、数セントあげれば私の部屋を掃除してくれるとわかって、妹に対する私の態度は飛躍的に軟化しました。

妹が生まれて数年間は、父は私たちと共に暮らしました。私たちは何度も引っ越し、最終的にフロリダのタラハシーに落ち着きました。そこで母は看護師の資格を取り、病院で働きました。私と妹は毎日学校に徒歩で通いました。学校と家の間には大きな交差点が一つしかなかったので、その交差点が、母が一度スピード違反の切符を切られた交差点だと思います。罰金は二十五ドルで、父はそのお金を移動遊園地に行くために貯めていたお金から払いました。母と私と妹は、その年遊園地に行けず、乗り物に乗れなくて本当にがっかりしましたが、父は気にしませんでした。私たちが泣いているのを見ても父は考えを変えませんでした。その決断をした父に対して、私は誰にも聞こえないように、言うのを禁止されていたことばを口にしました。

私が八歳か九歳くらいのときに、私たちはなぜか、母を迎えに来ることがなかった私の祖母とかかわりを持つようになりました。母は祖母に、関係修復のため、もう一度チャンスを与えたのです。私は本当に嬉しくて、祖母が住んでいた大都会に遊びにいかせてほしいと母に懇願したのを覚えています。今となってはそのことをとても後悔しています。祖母の隣人が、性的虐待という人生最悪の悪夢を私にもたらしたからです。

祖母が病院に行くたびに、彼が私のベビーシッターでした。祖母は病院によく行きました。彼は、私が虐待のことを誰かに言ったら私の母を傷つけると言いました。

私は母を愛していたので、黙っていました。自分が悪い子だと思いました。あんなことばを父に対して口にしたし、コンビニで一度ガムを万引きしたことがあるし、その隣人から逃げる力も勇気もなかったのですから。

もっと良い人間になろうと、心の中で誓いました。心の中の重い感情を、どう表現したらいいかわかりませんでした。すべての悪いことが起こるのは、ルールが守られていないからだと結論づけました。だからルールは守られなければいけないと思いました。ルールは強制されなければならないと。そして私が強制することができないのなら、そうしてくれる誰かを探さなければなりませんでした。

私に起こっていたことを父は知りませんでした。父に伝える勇気を私が出す前に、父は出ていってしまいました。あの隣人が母と私に何をするかを恐れていましたが、最終的に、私は中学生になってから、泣きながら母に告白しました。母は父に伝えました。この間違いを正すために、父は何でもしてくれると私は信じ切っていました。母と私と同じくらい、父もショックを受けるだろうと。そして私たちを守るために家に帰ってきてくれると。でも父は帰ってきませんでした。私は、私を虐待した人が私にしたことに対してよりも、父がしてくれなかったことのためにもっと泣いたと思います。

母は、私を虐待した人に立ち向かいました。私を守るために、そして正義を求めるために、できることをすべてしてくれました。彼は母を傷つけにきませんでした。でも彼が来るかもしれないという恐れは、父の不在と相まって、何年もの間私を不安にさせました。

母はまたしても、私にとって特別な人であるということを証明してくれたのです。あの日々にバラバラになってしまった私の人生を拾い集めるのを手伝ってくれました。そして私たちはどうにか自分たちの人生を紡ぐことができたのです。

母と私と妹はインスタントのマカロニチーズばかり食べるような貧しい食生活でしたが、イーストゲートウェイの、中二階のある青い家の中で、普通の暮らしをしていました。そして飲酒運転の車が玄関を突き破って部屋まで入ってきた時と、母がフクロネズミの赤ちゃんを救助してスポイトでご飯をあげたのが新聞のトップを飾った時を除いて、ごく普通の生活をしていると感じていました。

その頃の最もドラマチックな出来事は、私と妹のアンジーとの間で起こりました。お断りしておきますが、アンジーは今となっては私が地球上で最も愛する人の一人です。でも当時は、私は偉そうな姉でアンジーは傷つきやすい妹でした。私たちが言い争いをするとき、裁判官はいつも母でした。いつでも介入し、どちらかが間違っていて、もう一人が正しいと宣言してくれました。その判断は公平でした。母はまた、私たちにルールを守らせました。どちらが正しいかという母の判断に毎回同意したわけではありませんでしたが、私には安心感がありました。なぜなら何があったとしても、母は状況を正してくれて、言い争いを鎮めてくれて、そしてお決まりの脚本を与えてくれたからです。その脚本には、私たちの一人が謝ることと、もう一人が「あなたを赦します」と言うことが含まれていました。

そして私たちにハグをさせ、また仲良く遊ぶように言いました。さもなくば、あなたたちが本当に泣くようなことをするわよ、と言いながら。

女の子特有のばかげたわがままさの中で、親切と仲直りの手順を母が教えてくれたのは良いことでした。でも私に深く刻み込まれたその手順は、子ども時代が終わっても成熟しませんでした。そして複雑な人間関係と赦しに関して、この手順で進んでいくべきだと私が信じていたことは、大人になるにつれてうまくいかなくなりました。私はいつでも次のようになるべきだと信じていたのです。

・誰かが明らかに間違っている。
・誰かが明らかに正しい。
・権威ある第三者が、起こった出来事は対処されなければならないと宣言する。
・間違っている者が叱られる。
・間違っている者が謝る。
・権威ある第三者が、害を及ぼす行いが止められるべきだと指導する。
・不適切に扱われたり、傷つけられたりした側の者は、その行為が繰り返されれば、行った者がそれ相応の結果を与えられるということに安心する。
・明らかな正義の雰囲気の中、傷つけられた者が赦す。
・これにより赦しは和解をもたらし、関係は修復される。

でも私が小学校に通い始めた時、物事は変わりました。先生が指導するのは、幼い少女二人だけではありません。二十〜三十人いる子どもたち全員の問題に介入してすべての間違いを正すことは不可能でした。

五年生の時だったと思います。目に見えない線が引かれて生徒はグループ分けされ始め、物事が特に複雑になりました。流行の服を着て、クールなことを言って、ほかの子たちよりも悪いことばを知っている子どもたちは「人気者」でした。そして私はいつしか、そのグループに自分が受け入れられていないことに気づきました。

私の髪はチリチリの癖毛で、歯は出っ歯でした。かっこいい洋服を買うお金もなかったので、そういう理由で自分は受け入れられないんだと自分を納得させようとしました。でも心の奥底では、私が誰にも話していなかったあのことが理由なのではないかと思っていました。彼らはなぜか知っているのかもしれないと。でも私には少なくとも、自分たちが人気者のグループにいなくても気にしない、安全な友達が何人かいました。学校での分離を一緒に生き抜く仲間です。私たちはルールを守るのです。それは良い気分でした。

でも、何があっても私と一緒にいてくれると思っていた二人の女子が、人気者のグループに入る機会を見つけた時、事態は変わりました。彼女たちの入会の儀式は、クールにふるまうことでした。そしてそれはつまり、私にひどいことをするということを意味しました。そんなことが起こるなんて考えてもみませんでした。ある日突然、校庭で友達が、あなたは醜くて誰からも好かれていないと言って私を押し倒したのです。

衝撃的でした。

私は本能的に動きました。涙と、ひどい扱いを受けたという証拠を持って先生のところに行きました。母と同じ脚本に導いてくれると信じて疑いませんでした。

でも先生に、気にしすぎるのをやめなさいと言われ、感情的すぎると叱られて呆然としました。急に、頬が燃えているように感じました。自分の感情を恥じました。私を傷つけた女の子たちの笑い声が聞こえ、振り返ることができませんでした。

胸の中で、混乱と警戒心が渦巻いていました。悲しみと、怒りと、とにかく逃げ出したいという思いが混在していました。パニックが私を捕らえました。先生が何もしないなんてどういうことでしょうか。煮えくり返るような苦悩が私を満たしました。

その瞬間、自分が誰を最も憎んでいるのかわかりませんでした。私の「友達」か、自分自身か。なぜこの拒絶が、こんなにも重大に感じられたのかわかりません。それ以前にも拒絶され、傷つけられ、裏切られたことはありました。でもこの時は公衆の面前でした。そのためにこの出来事は私を傷つけただけではなく、その時の私にとっての全世界の前で自分を恥じさせたのです。

落ち着かない気分になり、母に会いたくなりました。でも母が校庭に来られないことは知っていました。少なくともその日は。母親たちはいつでも来られるわけではなく、パーティーがある時に教室には来たけれど、校庭に来ることはありませんでした。私は急いで脱出する必要に迫られて、周りを取り囲むフェンスを見回しました。

行き場がないと気づいて、私は歯を食いしばりました。流してはいけないと先生にすでに言われていた涙をおさえました。手の感覚は麻痺しました。自分を守ることができるのは唯一自分だけだという恐るべき事実に完全におびえていました。自分がどれだけ無力かということはすでに知っていました。

校庭で起こったことがすべてではありません。ほんのちょっとクラッカーのくずをこぼしてしまったせいで、私は最低の子どもだと感じさせた父方の祖母。母を迎えに来ず、私が傷つけられるのを許した母方の祖母。帰ってこなかった、守ってくれなかった父。私の仲間のはずだった女の子たち。

自分たちがどれだけひどい人間かを彼らにいつか思い知らせてやらなければならないという思いが、私の中で燃え上がりました。でも同時に、彼らにひどい人間でいてほしくありませんでした。優しく、愛のある、親切な人たちでいてほしかった。私を見て、そして私を好いてほしかった。愛して、守ってほしかった。童話や、二つだけ見ることが許されていたテレビ番組「わが家は11人」や「大草原の小さな家」で見たようなことが起こってほしかった。

私が望んでいたことは、実現可能だと知っていました。ただ私の人生には実現不可能だっただけです。それは他人のせいではありませんでした。私が絶対に逃げることができないと恐れたもの、それは私が私であることでした。すべての痛みの共通項は、その中心に私がいるということでした。

地上で経験する最悪の地獄は、苦しみではありません。苦しみが無意味であり、改善の見込みもないと感じることです。

その後、校庭を安全な場所だと感じることは二度とありませんでした。私は先生を責めませんでした。彼女は素敵な女性でした。でもすべてを見通すことはできませんでした。校庭には校庭のルールがあったのです。**いい子でいること**と**公平に遊ぶこと**の代わりに、生き残ることをかけた戦いがありました。意地悪なことを言ったりしたりする子どもたちは、人気者のグループに守られました。彼らは何をしても許されるようでした。彼らはクールで、強くて、物事を仕切るのです。彼らは謝りませんでした。唯一の正義は、捕まることなしに、意地悪な子どもたちに秘密裏に復讐する方法を見つけ出すことでした。

私たちはみな、本質的に自分が恐れていた存在になりました。意地悪な子どもたち。初めは意地悪でいたくなかったとしても、数日間同調圧力のターゲットにされれば、生き残るために、自分が最も嫌っていた子どもたちのレプリカになってしまうのです。

母には学校での出来事は黙っておくことにしました。告げ口屋であることは、クールじゃないことよりももっと悪かったのです。

無防備で勇敢であるよりも、意地悪さに同調してしまうほうが安全に感じました。親切であるという選択肢はありませんでした。親切であれば、心のやわらかい部分を露出することになり、深く傷つけられてしまうからです。強く、荒々しくあること、そして悪意のゲームに参加することで、私の心はどんどん固くなり、敏感さは押し込まれていきました。

やがて私は、悪意のゲームに参加せず、しかも意地悪のターゲットにされない一つの方法を見つけました。それは沈黙を守り、存在感がほぼなくなるまで周りに溶け込むということです。何も言わない。何も感じない。何も告げ口しない。誰とも親しくならない。何の表現もしない。

その年、先生の助手を買って出られたことが、唯一の救いでした。休み時間に教室にいることができたからです。みんなが校庭で遊んでいる間、私は黒板をきれいにし、ベージュと緑の格子模様の床を掃きました。その時私は、自分に意地悪をした子どもたちの意地悪の証拠を回想することが、自分の慰めになると気づき始めました。彼らの言動を正確に細かく記したファイルを毎日頭の中で集めました。学校での間違っていることをすべて正す裁判官が誰かついに見つかった時に提出する証拠です。

でも、その裁判官は見つかりませんでした。

五年生が終わりました。中学校はもっと良い場所だと私は完全に信じ切っていましたが、それは完全に間違っていました。そこにも裁判官はいませんでした。

四十年以上も前に、私はあの校庭を去りました。でも今日に至るまで私は時々、思います。あの校庭は私を去っただろうかと。

＊＊＊

この話をあなたにしたのは、幼少期に学んだことは後々まで私たちから離れないからです。私の話を読む中で、あなた自身の物語のさまざまな部分が頭の中に浮かんできたのではないでしょうか。古い映画のワンシーンのように記憶の断片が再生されたのではないでしょうか。私が母と遊んでいた時のような楽しい記憶。私の父がいなくなって、私たちを守るために帰ってきてくれなかった時のような、痛みを伴う記憶。私の家を飲酒運転の車が突き抜けた時のような、クレイジーな記憶。私の友達が私に敵意を表した時のような、傷ついた記憶。

私たちの人生に起こるこのような出来事は、ただの物語ではありません。それらが、私たちが自分自身に語る物語を形作るのです。注意して聞くなら、自分たちのストーリーを貫いている信念システムが見えてきます。それは子ども時代に私たちのうちに形成されたものです。

私の信念システムには、いくつかの要素が含まれていました。

第一にそれは、すべきこととすべきでないことのはっきりした判断基準を私に教え込みました。寝る前にするようにと母が私に教えたことを、私は今でもしています。今でも砂糖たっぷりのシリアルは買いません。祖母が固執したように、今でもクラッカーをかじるごとに端をなめます。今でも盗みません。悪いことばを聞くとビクッとします。気持ちを分かち合うことがいつでも安全だとは思いません。ルールは私たちの安全のためにあり、守られるべきです。ルールを守る人たちは、破る人たちよりもずっと安全です。

第二にそれは、他人に対する私の考え方に影響を及ぼしています。安全だと感じる人たちもいます。でも多くの人たちは、私が知らない問題を抱えています。未解決の問題と、対処されていない傷は、他者を傷つけるようなことを言ったりしたりさせます。他人の言動を個人的に受け取らないように努力していますが、私はそういうことに敏感なのでとても難しいです。私は傷つきます。そして悲しいことに、ほかの人を傷つけたくないと思っていても、私は人を傷つけるのです。状況を良くするために自分ができる限りのことをしたとしても、それでも状況が良くならないことがあります。長く続かない人間関係があります。そしてそれがなぜだか私たちにはわからないことがあります。

第三に私が自分自身について信じること、第四に神様について信じること、そして最後に赦しと、健康的に前進することに関して信じることについて、信念システムは影響を及ぼします。この三つには例を挙げませんが、自分のことについては充分分かち合いましたし、これらに関する考えは直接会ってシェアする日のために残しておくほうが良いでしょう。いつの日か偶然にお会いする日がきたら、コーヒーを飲みながら（熱めで、スチームアーモンドミルクとステビア入りのにします）、お互いの日記帳を取り出して心を開いて語り合えるかもしれません。でも今は、あなたにペンをお渡しします。

私のカウンセラーは私に、人生の点を集めて、つなげて、そして正すことを勧めました。つなげることと正すことについては後の章で取り上げます。でも今この章では、初めに戻って、ペンを通してあなたの記憶を解放しましょう。どんなことばが出てくるか恐れたり、時系列にとらわれたりしないでください。すべての事柄が詳細で正確でなくてもいいのです。正しくあることよりも、すべてを出し切ることが大切です。

真の意味で出会うことを逃さないでほしい、素晴らしい人がいます。あなたが毎日鏡の中に見る、唯一無二の素敵なあなたです。最高に興味深い経験をしてきて、愉快な癖があり、傷があることを隠さず、インスピレーションを与える強さを持ち、面白い家族の独特な一員であり、そして私たちの天の父を驚くほど完全に反映しているあなた。誰かと出会うことをこんなに光栄に思ったことはありません。こんにちは。素敵な素敵なあなた。

第六章　点をつなげる

前章を書きあげた時、私は友達に電話をしてそれを読み上げるのを聞いてもらいました。彼女の反応に耳を傾け、前章の内容が彼女自身の幼少期の思い出をかき立てるかを見たかったのです。そしてそれは、充分すぎるほどにかき立てたようです。彼女は言いました。「わぁ、これはバイブルスタディでやっかいな会話が始まるわ！　でもそれは良いことだわ。必要なことね」

私もそう思います。これはやっかいなことです。そして良いことです。その両方なのです。

前章であらわになった、自分の人生の物語の点と点をつなげる必要があります。このやっかいで良い過程は、私たちの視点を整えます。私たちの経験がバラバラで独立した過去の出来事のように見えたとしても、それらは今日の私たちからそんなに切り離されていないと教えてくれます。私たちが人生で経験するすべてのことは、私たちの視点に影響を与えるのです。そしてその視点を持っている期間が長ければ長いほど、それは私たちが信じる真実となります。私たちはその真実によって生き、その真実のもとで感じたり考えたり行動したりし、その真実によって日々の選択をするのです。

幼少期に起こった出来事と、今日の私たちの行動、発言、そして信念のつながりを見るのは大切です。それは、ただ自分をよりよく理解する過程ではなく、私たちが健全な方法で真に前進するために、何がまだ赦される必要があるかを見る行程です。昨日の私たちを形作った出来事は、今日も私たちの一部です。

私の友人は、電話を切ったあとノートを引っ張り出すと言いました。書き込むスペースがたくさんある大きいノートです。単なるメモ帳ではありません。それを聞いて私はほほえみました。彼女にとって大きいノートを引っ張り出してくる価値がある章なら、ほかの人もそれを読んでいろいろ書きたいと思うかもしれません。

私が彼女に前章を読み上げているのをアートも聞いていたのに私は気づいていませんでした。彼はその日の支度をするのに部屋から出たり入ったりしていましたし、話の内容に興味を持っているようにはまったく見えませんでした。

でも実は大ありだったのです。

私が電話を切ったあと彼は隣に来て座り、目に涙をためて言いました。「リサ、今の章、すごくよかったよ」

私のことばが彼を動かしたのです。彼の心はやわらかく、共感的でした。もっと私の話を聞きたいと言ってくれて、自分のことも分かち合おうとしてくれました。彼は自分の人生の出来事をつなげ始めていました。それらのつながりは、私たち二人の物語の背後にある物語を教えてくれました。それは私たち二人の癒やしにとって大切だっただけでなく、出来事が及ぼした影響を赦すという、私の旅路にも大切でした。覚えていますか。赦しの決断は、私が手のひら大のカードを使ってしたような、ある特定の瞬間に起こります。でもそれらの出来事が何年も私に及ぼしている影響すべてを赦し続けるという過程もあるのです。アートと一緒に見つけた、点と点のつながりは、起こったことを理解するのにとても重要でした。「なぜ」それらが起こったのか、ではなく「何が」起こったのか、です。赦しを宣言するためには、私たちは**何を**赦しているのかをことばにする必要があります。

五年前だったら、アートがこんなにも心を開いていることに私は衝撃を受けたでしょう。私たちが今となっては「混沌のトンネル」と呼ぶあの時期以前は、アートが泣いたのを見たのは四回だけでした。その四回はとても珍しかったので、私の記憶に深く刻まれています。

アートが育った環境では、感情というのはひどく個人的で、分かち合うべきものではないという理念が教えられていました。出来栄えが評価されました。だからたとえ見かけだけだとしても、体裁を取り繕うことが求められました。人生の早い段階で感情を押し殺すことを教えられると、後の人生でも感情を適切に理解することを学べないという結果につながることがあります。感情には目的があります。感情は、向き合うべき問題を私たちに知らせます。また感情は私たちを他者に共感させ、つながりを形成し、どんなときに心理的支援を与えたり受けたりすべきかを教えてくれます。

私たちは感情に支配される必要はありません。でも同時に私たちは、必要なときと、賞賛される可能性のあるときだけ感情を表に出す、脚本に沿ってただ演技する役者にもなりたくありません。そうなってしまったら、真の人間関係を築けなくなります。

アートと私が役割を上手に演じ、すべきことをしているだけであり、真の感情的な親密さが必要とする深みを欠いていたということに、以前の私は気づいていませんでした。彼が育った家では、感情は表現されませんでした。だから彼は、秘密を守る人になりました。私が育った家では、すべての感情はただ表現されるだけでなく大声で宣言され、騒々しく処理されました。秘密は守られましたが、感情が爆発したり果敢に宣言されたりするときに必ず露呈しました。アートがなぜこんなに静かなのか私は理解できませんでした。私がなぜこんなにうるさいのかアートは理解できませんでした。私たちはもっと深い感情のつながりを求めていましたが、どうやってそこにたどりつけるのかまったくわからなかったのです。

愛は深いものです。表層に留まるように強要されれば、水から出された魚のように苦しむのです。魚は水の外では息ができず、生きられません。魚は酸素を吸いますが、水面の上の空気からではありません。えらから水を取り込み、水中から酸素を分解し、体にそれを行き渡らせます。深く潜らなければ、命を与えるものが枯渇してしまうのです。愛はそれに少し似ています。愛は生きるために深さを必要とします。愛は成長するために正直さを必要とします。愛は生き延びるために信頼を必要とします。

深さに飢えるとき、愛はもがきます。正直さが奪われるとき、愛は干からびます。そして信頼が壊されるとき、愛は動けなくなります。

アートと私はそれら全部を経験しました。でも、不思議なことに、いちばん困惑していたのは、もがいていた時期でした。自分自身の正気を何度も疑いました。

正しいことばをかけられても、なぜかそこに真実な感情がないように思えた期間でした。愛あることばは、ポケットいっぱいの羽毛のようにふわふわとはためいて私の心の中に着地したあと、愛の真実をしみ込ませて私を落ち着かせるはずでした。それなのにむしろことばがドシンと響くとき、思うのです。**これは真実なの？　あなたはそれを本気で言っているの？**

やがてその混乱は、私に疑問を抱かせました。**私は正気なの？　あなたは正気なの？　あなたが私に言っていることは、愛されている、安全だって私に感じさせるはず。でも私が内側で感じていることはむしろ恐れに近いの。恐ろしい崖のふちを歩いているような、奇妙で、息ができなくなるような恐怖。どうしてなの？**

恋に落ちるという言い方を聞いたことがありますが、「愛を見つけて、そして何度も何度も愛を共に選び続ける」という表現だったらいいのにと思います。落ちるという表現よりも、私はそのほうがずっと好きです。

私にとって、私たちの愛は混乱を招くものでした。でも、アートの行動はとても説得力があったので、問題は百パーセント自分の側にあると思いました。

私はあのような幼少期を過ごしたので、アートに問題があるかもしれないという思いを完全にシャットアウトしていました。結局のところ、虐待されたのも、見捨てられたのも、いじめられたのも私です。私たちの問題というのは私だけの問題だと本当に信じていました。だから、自分が認識できていないものに対処できるわけがありませんでした。アートも何かを求めているという発想はなかったのです。彼は静かな家で育った人なんだ、ただそう思っていました。そして静かだということは、家族がお互いに怒鳴り合っていないのだから完璧なのだと思っていました。アートは怒鳴りませんでした。だから彼は大丈夫なのだと私は思ったのです。静かな人々が時に、最も痛みを抱えているということに、私は思い至りませんでした。でも、彼らの叫びは無音なだけなのです。もしくは、気づかれないように行動に現れるのです。私の痛みは常に表に出ていました。だから問題点を自分に結びつけるほうが、自分が理解できないことを尋ねようとするよりも簡単だったのです。

あなたの家の煙探知器から、電池交換を知らせる音が鳴り始めたことはありませんか？　でも電池交換の方法がわからず、煩わしい音を止めるために天井からコードを抜いてしまったことはありませんか？　私がしたのはそのようなことです。混乱が少しは治まるように、問題を自分のものとして受け入れたのです。でもそうすることによって、多くのものを破壊する炎への警告を見逃すことになるとは気づいていませんでした。本質的に言えば、アートが私を裏切るよりもっとずっと前に、私は自分自身を裏切っていたのです。

アートの、自信に満ちて固く閉ざされた表層の奥深くに入り込めたらと願ったことを覚えています。私は「もっと」を求めていました。でもその時はその「もっと」が何なのか説明できませんでした。

当時だったら自分の答えをはっきりと言えなかったでしょう。「**もっと感情を**」と言ったかもしれません。でもそれは真実とは違いました。「**もっと心のつながりを**」と言ったかもしれません。でもそれも真実とは違いました。そして自分でもうまく説明できないので、ただこう言うのです。「気にしないで。私は幸せよ。私の言ったことは忘れて」。そして夜、アートの規則正しい寝息を聞きながら、ベッドの中で涙するのです。自分でもわからないもののために祈りながら、夜中にどれだけの時間を過ごしたことでしょう。

今となっては、欠けているように思えた「もっと」が何だかわかります。それがわかるのは、私たちが今それを持っているからです。

それは無防備さでした。

人生の現実を見るために、そして今まで話してきたような点と点をつなげるために、私たちは無防備にならなくてはいけないのです。そして自分をさらに理解した結果として、さらに無防備になるのです。自分に対してもう嘘をつけなくなる時、他者に対して取り繕うことが難しくなるからです。そして、親愛なる読者の皆さん、この本を通して作った点のつながりと訂正の一つがこれだけだったとしても、頑張った価値があったと言えます。

自分を偽っている人は、自分がどれだけ赦される必要があるか気づくことができません。彼らにとって他者を赦すということは、自分が参加できる解放のプロセスというよりも、義務のように感じられるのです。私の場合で言えば、アートと私の両方が恵みを必要としているという事実をつなげる必要がありました。私たち両方が癒やしを必要としていました。私たち両方が赦しを必要としていたのです。

無防備さを学ぶのは本当につらいことでしたが、それは私たちの癒やしのプロセスの中で、最もいのちを与えるような部分でした。最も恐れていた部分が結局は、自由への道を舗装することになり得るというのは不思議なことです。

私たちは全世界の前で丸裸にされました。明らかにされた真実は恐ろしいものでしたが、私たちは本当に久しぶりに、表面より深く潜らざるを得なくなり、そこで私たちの愛は酸素を見つけました。

世界は無防備さを、攻撃されやすい状態に自身を露出することだと定義づけます。

それは悲しいことだと思いますが、理解はできます。実際にそれを経験もしました。でも、私は無防備さの別の現実も見ました。美しい現実です。無防備さが「危害に自分をさらすこと」を意味する代わりに、「他者を知り、愛するために、そして他者に知られ、愛されるために、自分を開くこと」だとしたらどうでしょう？

自分は受け入れられていて、喜ばれる存在だと信じ切っているゆえに、拒絶されることを恐れずに、そのように自分を開くことができたらどうでしょう？

ここで私はまた、新たなつながりを作るのです。アートは、自分が喜ばれる存在だと感じていなかったので、静かに秘密を守っていました。私は、ほかの男性が言ってくれなかったことばを彼に言ってほしくて、彼が戸惑うような会話をいつも押しつけていました。自分が受け入れられているという確信を得たかったのです。自分は喜ばれる存在であり、そして受け入れられているというのは、私たち二人ともが欲していた感覚でしたが、それを手に入れようとした方法が、私たちを一つにするどころか引き離していきました。

健全な無防備さを持つ秘訣は、私がアートといて安全だと感じることから始まるのではありません。確かに、安全は大切です。でも健全な無防備さを持つことは他者に左右されません。私が私に対して安全であることのほうがもっとずっと大切なのです。そしてアートが彼自身に対して安全であることが大切でした。また、私が心から自分を尊重しているときに初めて、私は恐れなくアートの前に立つことができたのです。偽りの壁なしに。演技しているときだけ開くステージの幕なしに。明るみに出されるのが耐え難いものをカバーするための小さな嘘なしに。……そして互いの欠点を指摘し合う、突き刺すような裁きなしに。

アートは、自分は喜ばれる存在だと信じる必要がありました。

私は、自分は受け入れられていると信じる必要がありました。

それらの感情は、私たち二人の関係の中で見つけるべきものではありませんでした。これは現実として生きるべき真実でした。そう信じることができるように、まずそれぞれが神様に助けていただいたのです。その過程を経てこそ私たちは、無防備な状態に置かれるとき、すでにわかっていることを相手が思い出せるように、単に手伝うことができるのです。

今では割り込まれて話を片づけられてしまうことなしに、ありのままの正直さを表出させられるようになりました。無修正の感情を、相手への攻撃だと受け取られることなしに、分かち合うことができるようになりました。私たちの会話はこんなふうになりました。「言いたいことを何でも言って大丈夫だよ。私は聞いているから。あなたは安全だよ。神様に造られたものとして、あなたがどんな存在であるかを心に留めているよ。あなたの心に入り込んであなたを痛めつけようとしている恥と、二人で一緒に戦おう。あなたに恥を増し加えることはしない。私は真実を語るけど、それはあなたと、私たち二人が健全でい続けられるようにするため。あなたの存在を、あなたの問題と同一視して小さくしてしまわないよ。あなたがキリストにあって真実にどんな存在であるかをあなたが忘れないように、いのちを語るよ」

秘訣は、自分が真実にどんな存在であるかを忘れないように、お互いに助け合うことです。お互いを直すことはできません。お互いを支配することもできません。お互いを健全に保つこともできません。でも、いのちを語ることはできます。無防備になれます。祈れます。共に敵と戦うことができます。心配をすべて主にゆだねつつ、共にそれに向き合うことができます。しかし恥が持つ破壊的な力を、自分たちの関係性に少しでも入れてはいけません。神様が意図したような関係に立ち返り続ける必要があるのです。

私が好きな聖句の一つに、「そのとき、人とその妻はふたりとも裸であったが、恥ずかしいとは思わなかった」（創世二・二五）があります。彼らは無防備でした。危険に対してではありません。愛されることに本当にオープンだったのです。自分を恥じていませんでした。お互いを恥じさせませんでした。恥ずかしげに行動することもありませんでした。これは、「神様の究極の愛以外に、自分たちに対する意見がなかったから」[※1]だと私はよく言いました。それは真実です。

でも今となっては、そこにはそれ以上のものがあると知っています。

彼らは、自分たちが神様によって完全に、そして非常に素晴らしく特別に造られたと知っていました。彼らを造るのに神様が実際にお使いになった原料がとてもつまらなく、ありふれたものに見えたとしてもです。大地のちりと折られた骨は、将来有望な始まりには見えません。何の可能性もない原料に見えます。ちりと聞けば私たちは、壊れたものの残骸や、ずっと放置されたものの上にある、掃除されるべきものを想像します。露出した肋骨は、他の二十四本と変わりないものであり、誰かが亡くなって肉体が腐敗しない限りは、肉の下に隠されて見えないものです。

これらの原料は、それ自体には何の意味もないのです。重要でなく、喜びももたらさないものです。

でも神様に選ばれ、いのちの息を吹き込まれ、触れられて、それらは神様の似姿に造られた唯一の存在となり、被造物の一部となりました。何でもなかったものが、最も栄光あるものへと変えられたのです。神様の似姿を反映するようになったのです。「神は人をご自身のかたちとして創造された。神のかたちとして人を創造し、男と女に彼らを創造された」(創世一・二七)。神様の似姿を持つ者として、人間は目に見えない神のかたちを、目に見えるものとしました。

彼らを栄光あるものとしたのは、ちりと骨としてのスタートではなく、誰が彼らを創造したのかということでした。それは神ご自身でした。アダムとエバは自分たちの土台が誰なのかを受け入れていました。神理解が彼らの土台でした。堕落の前に、自分たちの創造過程について彼らが不満を持っていたという記述はありません。

彼らは二人とも裸でしたが、恥ずかしいとは思いませんでした。

これに気づいたとき、涙が雨のように私のノートに注がれました。インクで書いたことばはにじみました。私がいのちのことばをアートに語り、彼がちり以上の存在だと何度も何度も思い出させ続けることを、アートがどれだけ必要としているのかということに気づき始めました。アートは、彼がした行い以上の存在です。犯した間違い以上の存在です。神ご自身の息なのですから完全に喜ばれるべき存在です。そして私が彼をそのように見る時、彼の真のアイデンティティーが生まれます。それは、私たちがまだ取り組む必要のある問題をないことにするということではありません。その問題の土台を恥から、キリストにある希望へと変えるのです。不貞は事実ですが、それがアートの真のアイデンティティーではありません。彼は、私が赦すことのできる、神の子どもなのです。

私はこの真理を自分にしみ渡らせました。すると、私の心はどんどんやわらかくなりました。ペンは走り続けました。涙は流れ続けました。心はやわらかくなり続けました。これらのつながりを作ることは、目が開かれるような経験でした。そして私は、涙が流れていたのは、つながりができていっているからだけではなく、その発見に悲しみが付随しているからだと気づきました。

悲しみということばは、私のノートに何度も現れました。私は赦す過程にいましたが、受けた傷についてまだ悲しんでいました。いまだ正されていない悪についてまだ悲しんでいました。同意しなかった選択についてまだ悲しんでいました。悲しみというのは往々にして、長い時間がかかるプロセスです。そしてそれは、赦しとともに作用します。悲しみの役割については後の章で取り扱いますが、私が気づいたもう一つのつながりをここで紹介します。

喪失がもたらす不公平な痛みと、他者の選択によって感情が打撃を受けることの悲惨さを私は子どもの頃からすでに感じていました。それによって、人に利用されることをどれだけ恐れたかわかりません。どうすればこれをもっと良い視点から理解できるのかわかりませんでした。でも創世記を読んでいて、私は新たな発見をしました。

女が創造される前に、人がひとりでいるのは良くないと神様は言われました。私はそれまで、それはアダムに何かが欠けていたからだと思っていました。しかしよく読んでみると、アダムの創造に不充分な点はなかったとわかりました。神は彼を深く眠らせましたが、その時にアダムを修繕したり、造り直したり、何かを足したり、再構築したりはまったくしませんでした。むしろ彼から骨を取ったのです。アダムは骨という代償を払いましたが、彼が失ったものよりもっとずっと良いものを神様は彼に返してくださいました。神様の手にささげるなら、それが何であれ、神様はそこから良いものをもたらしてくださるのです。

これがおそらく、無防備さを複雑にさせるものについての最初の教訓でしょう。リスクを冒して自分を他者に開くとき、私たちは傷つく可能性があります。何かが奪われるかもしれないリスクを冒すのです。そして私たちはその痛みを恐れます。アダムやエバとは違い、この痛みの経験があるからです。だから私たちは身を引き、他人を恨み、どんどん簡単に傷つきやすくなり、どんどん無防備になりたくなくなるのです。

わかります。

私がこれを書けるのは、自分自身がそのように考えやすいからです。

お話ししてきたように、何であれ私から取り去られるとき、私は非常に侵害されたように感じます。私の自然な性質から言って、今まで経験した喪失の中で絶対に受け入れたくないものがいくつかあります。夫の不貞のことで私はまだ泣くことがあります。赤ちゃんだった妹のヘイリーがあまりに早く亡くなってしまったことについてまだ痛みがあります。私たちの人生から去ってしまった友達をまだ恋しく思います。父がいつか帰ってきてくれたらとまだ願っています。

これらほどつらくなくても、ほかにも私から取り去られた物事はあります。盗まれたお金、失礼な発言などのさまざまな出来事は、深く愛した人々を失うほどつらくはありません。でも痛みの種類が違っても、痛みは痛みであり、また奪われるかもしれないリスクを冒すのを恐れさせます。

でももし、何かが取り去られることを恐れる代わりに、失ったものが私たちを不完全にするのではなく、むしろ完全に近づけると考えたらどうなるでしょうか。この世の計算とは違う考え方です。何かを失ったらそれを悲しむべきだ、とこの世は教えます。でもそれがすべてではありません。

喪失を悲しむまさにその時に、私たちは永遠の視点をさらに知るのです。喪失を悲しむというのはとても深く長い道のりで、生き抜くことなどできないと思うほどです。でも最終的に私たちは生き抜くのです。そして、この世の価値観では、神様がくださった良いものが私たちが失ったものよりも価値があると思えないとしても、神様を信頼することにより私たちは希望を握り締めるのです。

私たちが神様の御手にゆだねた失ったものは、失われたままでいることはありません。

マルチン・ルターは言いました。「私は自分の手に多くのものを握ってきた。そしてそのすべてを失った。しかし神の御手にゆだねたものはすべて、私はまだ所有している」※2

神様はアダムの骨を取り去りました。そして女性という贈り物を返されました。

私たちが経験した喪失の全部が神様によってもたらされたわけではありません。でもその喪失の一つ一つを心の中で神様の手にゆだねるとき、それらは贖われます。「まことに、まことに、あなたがたに言います。一粒の麦は、地に落ちて死ななければ、一粒のままです。しかし、死ぬなら、豊かな実を結びます」（ヨハネ一二・二四）

喪失が、物語の最終結論であることはないのです。それは、私の友達コレットが、過去と向き合って点と点のつながりを探す旅路の中でも明らかになりました。彼女は、自分が朝日と夕日をとても恐れていると気づきました。私たちの多くにとって、朝日と夕日はインスピレーションを与えてくれるものです。でも彼女にとっては違いました。座って朝日を見たり、夕暮れの中散歩をして一日の美しい終わりを感じたりしたくなかったのです。彼女の家族はその事実は知っていましたが、なぜかはわかりませんでした。

彼女が朝日や夕日の時間を家族と楽しむことがないので、実際のところ彼らは悲しく思っていました。

しかし彼女が自分の物語を書き記す中で、集めた点は急につながりだし、自分ではどうしようもない状況により子ども時代に危険や恐れを感じていたのが朝と夕だった、ということに気づきました。子ども時代に形成された彼女の信念システムによれば、朝と夕は楽しむ時間ではなく、避けるべき時間だったのです。

その後三十年以上もの間、その時間に危険を感じたことがなかったのに、彼女はいまだに朝日と夕日を避けていました。彼女の状況は劇的に変わっていました。でも彼女の朝日と夕日に対する考え方は、彼女が成長し、成熟し、人生を進めていく中でも、変わることがなかったのです。だから、これらの点をつないだ時、朝日と夕日に対する考え方を変える必要があると彼女は気づきました。

これについて共に話した週、色とりどりのきらびやかな空を彼女は初めて見ることとなりました。

それは別の州を訪れていた時のことだったので、はじめ彼女は、その地域では空が違うから急に美しく見えたのだと思いました。しかし、地元でも空は同じだと友達に保証された時、自分の物語の点を正すことにより、美しさをもう一度見ることができるようになったのだと彼女は気づきました。広大な光彩と輝きが、燃えるような色合いになって目の前ではじけ、そしてそれを彼女は見たのです！　ついに見ることができたのです。そして残りの人生でも彼女がそれを見続けると私は信じます。

過去が変わったわけではありません。自分の可能性に対する信念が変わったのです。早朝はもう憂鬱な時間ではなく、暗くなりゆく空は恐怖を与えません。それは栄光と輝きの展望であり、彼女はそれを楽しむ権利を百パーセント持っているのです。それは彼女の選択です。私の選択です。あなたの選択です。

今ここに座って思いを巡らし、自分の人生の点をつなげ、そしてアートとコレットの人生の点について考えるとき、それぞれの物語の全体像はもっと大きいということに気づきます。私たちは痛みと喪失を過去に経験しました。それらは私たちを間違った考えと不健全な行動に導き、私たちの現在を抑制します。コレットは何年も朝日と夕日を楽しめなかっただけでなく、家族との楽しい時間の機会も失いました。アートと私は、相手の無修正の感情を自分への攻撃と受け取ることなしに難しい話ができたかもしれない時間を何年分も失いました。その会話が育てたであろう親密さの機会も失いました。そうです。喪失というものは私たちを形作るものの一部です。でも喪失のすべてが有害ではありません。もし私たちにその気があれば、喪失には私たちを素晴らしく形作ってくれる可能性があるのです。

もし私たちが、自分の考えや視点とどのように向き合っているかについてもっと意識し、それらをもっといのちを与える方向へと導き直すなら、すべての喪失は、より賢く、より共感的で、より理解があり、より賢明で、より愛のある、力と慎みの人を私たちのうちに生まれさせる可能性を秘めています。

だから私は、自分の物語をもう一度歩いて、その人を呼び起こします。人生について、自分について、ほかの人たちについて、神様について、そして赦しについての信念を、私は幼少期に形成しました。その信念は往々にして、子どもの私が傷ついた時に最も深く刻み込まれました。その信念システムを通して、私は今日も、自分の考えや経験を理解しているのです。

そのシステムにもう一度向き合う時が来たようです。自分にとって最もつらかったりトラウマ的だったりした時期に形成された視点で、今のつらい状況を理解し続けたくありません。これは時間がかかる旅路で、自分を急かすべきではありませんが、だからと言って癒やしの旅路を始めるのを恐れないようにしましょう。その旅路は、つながりを見つけることから始まるのです。

あなた自身の物語の中につながりを見つけるために以下について考えてみましょう。

・一日の中で特定の時間や、一年の中で特定の季節を、楽しむべきなのに避けることがありますか？　例えば私は、以前は十月と十一月が好きでした。秋はいつも私にとって特別でした。ですが今は秋が近づくと体がこわばります。アートとのつらいトラウマを秋に経験したからです。このつながりに気づいた時、私は意図的に、秋は良いものだと思い直すことにしました。避けるよりも思い直しをすることによって、私たちは力を得るのです。
・楽しむべきなのに、行きたくないと思う場所がありますか？
・あなたが避けがちな特定のタイプの人や、近くにいると不安になる人がいますか？
・自分でも過剰だと思うほどに感情をかき立てられる、特定のことばやフレーズがありますか？
・その話題が出ると逃げたいと思ってしまうような人生の出来事はありますか？

「誰、何、いつ、どこ」とカテゴリー別に考えながら、理由を探してみてください。そしてその際、動悸、不安、嫌悪の表情、もしくは必要ないはずの抵抗感のような反応に注意を向けてください。中には身体的な症状を伴うものもあるでしょう。

私たちは自分の経験を変えることはできません。でもその経験によってどう変わるかということは選べるのです。

やる価値があると保証します。神様がアートと私をどれだけ変えてくださったかという奇跡の中にそれが表れています。私たちはまだまだ変えられなくてはいけません。でももう前の自分たちとは違います。

私たちの間には無防備さがあります。演技はありません。秘密もありません。もし今私が夜中に泣くなら、彼は起きてくれます。文字どおり。

これは以前の私たちにはなかった安全です。感情。涙。正直さ。自分が問題と同一視されてしまうことや、相手が怖がって逃げてしまうのではないかという心配なしに、自分の内にあるものを発見できる自由。相手の前に人としてただ存在することができるのです。そして相手も、相手自身の欠点をよく知っています。

お互いを直さなくてはいけないというプレッシャーなしに、ただ相手といることができるのです。問題を無視するということではありません。アートの問題を、私が解決しなければいけないものとは見ないということです。私の問題に対するアートの態度もそうです。私たちはカウンセラーと共に問題に向き合い、苛立ちは祈りの中で神様に打ち明けます。それは整理整頓されていません。時にとてもごちゃごちゃしています。でも、それは良いことです。それによって、私たちは共に生き共に愛するという自由を得るのです。

この章の初めの物語に戻りましょう。あの日、私が人生の点をつなげたことに応答して、自分も人生における点を見つけ始めたアートを、私は見つめていました。アートはそのつながりをシェアしてくれました。私の原稿によって彼は涙を浮かべていたのです。私の一部が彼の心を動かし、ただ私と共に時間を過ごしたいという思いに彼の心を駆り立てたのです。

私を最も深く傷つけた彼が、今は私を愛する方法を最もよく知っているとはどういうことでしょうか。それはミステリーです。私の人生の大部分がそうであるように、神様が働いておられる時と、神様がどこにいるのかわからず、神様のみわざの証拠を見ることができない時の、まさにミックスです。でもきっと、後者の部分が信仰と呼ばれるのでしょう。私が人間の目で神様の働きを見る時、信頼は増します。でも私の信仰を強くするのは、神様のなさっていることを見ることができないときや、理解できないときです。代わりに、神様がどのようなお方であるかということに信頼を置くことを選び、未知の状況の中で、神様は善いお方であると宣言します。

私の父は家族の元に帰って来ず、最後に声を聞いてから三十年近く経ちました。私は父を赦し、愛していると伝えましたが、それでも電話はかかってきません。

夫は帰ってきました。

父は帰ってきませんでした。

それでも、神様の贖いはすべての上にあるのです。それは痛みを伴うものであると同時にとても美しい、神様のミステリーです。

第七章　点を正す

今日あなたと共にグレーテーブルの前に座って、点を集めてつなげるだけではなぜ不充分なのかについてお話ししたいと思います。点を集めたら、今度は点を正すという作業をしなくてはなりません。私たちが経験したすべてのことを土台として形成した視点や信念を発見し、それらが毒ではなく、いのちを与えるものであるということを確認する必要があります。私たちが形成したこれらの視点や信念は、正しかろうと間違っていようと、私たちが思っているよりも大きな影響を及ぼしていくからです。

何でもかんでも個人攻撃として受け取る人に会ったことはありませんか？　あなたが何を言おうと、彼らは瞬時に、自分の人生で経験したまだ解決されていない痛みと、癒やされていない心の傷というフィルターを通してそれを聞くのです。

彼らは言われたことばを忘れません。自分の視点を支える証拠をいつでも積み上げています。他者を悪意ある者とみなし、出来事や言動を否定的に捉えます。

彼らは、こんなことを心から信じるのです。「**あの人たちは私のことを好きじゃないんだ。あの人たちは私のことをバカだと思ってる。あの人たちは私に、自分の仲間に入ってほしくないんだ。あの人たちは私のことを傷つけようとしてる。あの人たちは私のことをうるさすぎると思ってる。太りすぎだと思ってる。静かすぎると思ってる。否定的すぎると思ってる。頑固すぎると思ってる。いばりすぎだと思ってる**」。他人の言動をいつでも悪く捉えさせ、自分への個人的な攻撃と受け取らせる、このような間違った考えはほかにもさまざまあります。

何でもかんでも個人的に受け取る人との関係は、とても疲れます。時にそれは有害で、毒にさえなり得ます。周りの人たちは、誤解されることにすぐにうんざりし、しまいには彼らに無反応になります。

では、他者の言動を個人攻撃とみなすその人自身はどうなるでしょうか？　彼らは自分の痛みを見当違いの対象に向け、周りのみなに投影します。自分の過去で本当に赦される必要があるのは誰なのかを理解するための、点をつなげる作業をしていないのです。

どの点が正されるべきかを、他者の人生に見るのは簡単です。しかし自分の人生でそれを見るのは少し難しいのです。だから私はこの章を書いています。何が毒となるのか、一緒にかぎ分けましょう。

その作業は、小さな鳥かごにカナリアを入れて、私たちの心の深い、深い、深い奥底に向けて坑道を掘っていくようなものです。イギリスの炭鉱夫たちは何十年もの間、二酸化炭素や他の有害ガスを避けるため、危険探知用の小さなカナリアを鳥かごに入れて連れていきました。人間の感覚では探知できないものを察知するためにカナリアを使ったのです。カナリアの具合が悪くなったり無反応になったりしたら、自分たちに危険が迫っていることがわかります。その場合、カナリアと自分たちを有害なものから即座に引き離して、対処する必要がありました。[注1]

地中深く掘り進める炭鉱夫たちに、カナリアは危険を早々と教えてくれました。でも私がこの章に願う役割は、赦しと癒やしへの道から私たちを遠ざける不健全な視点と信念を私たちがかぎ分けられるようになることだけではありません。この章が、私たちが今現在目の前にあるものをよりよく理解できるようになる助けにもなることを祈ります。

もし炭鉱夫たちが、カナリアが苦しんでいるのに気づかなかったり、長い時間カナリアをチェックせずに進みすぎてしまったりしたら、見るべき大切なものを見逃してしまったでしょう。自分たちの状況を正しく判断することができなかったはずです。そしてその結果は悲惨です。

私たちの精神状況に悪影響を与える考えは、私たちの成長を妨げ、私たちが欠落したところのない健全な人間として前進することを阻みます。それらの考えをかぎ分けることができなかったなら、私たちは自分自身に対して、他者に対して、世界に対して、そして神様に対してすら、恐ろしいことを信じてしまう可能性が出てくるのです。

欠落したところのない健全な人々は、愛を与え、受け取ることができます。赦しを与え、受け取ることができます。希望を与え、受け取ることができます。建設的な意見を与え、受け取ることができます。つらい経験にたくしこまれた人生の教訓を与え、受け取ることができます。

自分が経験した痛みが、成長、学び、発見、そして最終的に他者を助けることへの入り口となるところまで、私たちは前進しなければなりません。でも私が自分の痛みに何度もぶつかるだけの場所にいるなら、そこは状況を乗り越えたり、切り抜けたりすることを阻む壁です。まるでレンガの壁に何度も何度も衝突して、なぜ自分の痛みが日に日に増していくのか理解しないようなものです。

環境、人々、自分、そして神様に対する自分の考え、感情、視点や信念を処理するシステムが健全なときは、赦しはさほど難しくありません。でも深く傷ついているとき、ある出来事について、いちばん明白なこと以外について考慮するのは容易ではありません。悪い現実をもたらす悪い人たちによって悪いことは引き起こされ、絶対に悪い結果になると、私たちは簡単に仮定します。これは物事を過度に単純化した考え方ですが、残念ながら私が何年も捕らえられ続けている思考の罠です。

経験が、私が形成する視点に影響を与えます。私が形成する視点が、ゆくゆくは信念になります。その信念が、私が何を見るかを決定します。私の目は、そこにあるものしか見ることができません――私の認知能力に情報を送る視点が、自分が見ていると信じていることを変えない限りは。

例えば、あなたが台所で綿ぼこりを見たとします。白くてふわふわしたものが床をすべるように動くのをそれまで見たことがなければ、「ああ、綿ぼこりがある。床を掃除しなくちゃ」と思うでしょう。でも、もしある日視界の端でネズミが床を走っているのを見て、血も凍るような叫びをお腹の底から放出するなら……。次に視界の端に綿ぼこりを見る時、それはもうほこりに思えないのです。あなたは叫び、家の齧歯《げっし》類担当者を召喚し、パニック状態で椅子の上に立つでしょう。綿ぼこりのために。

私にも似たような経験があると言えるかもしれません。そして、そのせいで有機野菜のスープに入っているスパイスを虫だと思い込むのかもしれません。ある時、とてもおいしいスパイスがたっぷり入っていると思ってブロッコリーのスープを飲みました。でも、私が飲み終わったあと、子どもたちがボウルにそのスープをよそって、死にそうなほど笑い始めました。黒い粒々はスパイスではありませんでした。子どもたちの目は私の目よりも良かったのです。彼らが「スパイス」の写真を撮って拡大してくれて、そこに脚や触覚が見えた時、私は叫びました。その日私は虫でおなかを満たして眠りについたのです。信じられません！

私たちは気づいていないかもしれませんが、何かを見る時、私たちの脳は経験に基づいて詳細を埋めます。物理的な目で見ているのは、私たちが見ているもののすべてではないのです。私たちが見ていると認知している物事が、今日の現実を私たちがどう定義するかを左右するのです。これは物理的な視点だけではなく、感情的な視点にも言えることです。

つまり私が言いたいことはこういうことです。私たちは人間関係の中で良いことも悪いことも経験します。そして世界と他者に対する視点を形成します。それが、人生を進む中で私たちが何を見るかに影響を与えます。その視点が理解できない現実のギャップを埋め、その信念が私たちの現実を作るのです。

私に起こったことがあなたにも起こりうると想像します。これまで二章にわたってあなたも自分の物語の点を集め、つながりを形成してきて、いくつかの視点が変わったのではないでしょうか。もしかしたらあなたは物事を今までとは違うように見始め、それについてどうすればいいだろうかと思っているかもしれません。自分が今まで持っていた視点が歪んだ解釈を引き起こし、人間関係を傷つけていたと気づき始めたかもしれません。毒となるものをかぎ分け始めたかもしれません。これこそが、すべてのステップの中でも最も大切なことの一つです。つまり、**点を正すこと**です。

この問題と向き合うのは時間がかかります。とても長い時間が。私自身の旅路の解決の鍵には三つの部分がありました。痛み、受容、そして視点です。

痛みは、私に起こったすべてのことと、それが私をどのような気持ちにさせたかを表現することでした。これが点を集めるということです。

受容は、人生の物語において、過去に起こったことを記した油性インクはもう乾いてしまったと受け入れることでした。起こった事実は変えられません。これが点をつなげるということです。

そしてそれらのつながりから、私は新しい視点を持ち始めました。それは点を正してくれました。私の物語にはまだ、これから書かれる部分があるのです。前へと向かう私の視点が、自分の過去を未来にどうつなげるかを決定するのです。もう一度言います。何が起こったかという事実を変えることは私にはできませんが、今自分が何を信じるか、そして良くも悪くも過去が私をどう変えるかを選ぶことはできるのです。

深い深い痛みを、あらゆるかたちで、自分が思い出せるすべての事例で認めることができるというのがとても重要でした。感じていた痛みの正体を突き止めなければいけませんでした。その痛みをもたらしたのが誰なのかを見極めなければなりませんでした。何が起こったか、どのようにしてその痛みが生まれたか、という物語を話さなければなりませんでした。そして、以下のような問いを自問して、その経験によってどんな物語を自分に語っているか反芻しなければなりませんでした。

・私を傷つけた人や、その人との当時の関係に似た関係を現在持っている人たちに対して、今私は何を信じているのか？
・自分に対して、今私は何を信じているのか？
・私に何が起こったかを目撃した人や、知っている人たちに対して、今私は何を信じているのか？
・広い意味での世界に対して、この状況を通して、今私は何を信じているのか？

・この経験すべての結果として、神様に対して、今私は何を信じているのか？

自分の経験、そしてそれに関与した全員に対する視点をもう一度問い直すことは、私にとって重要でした。でもそれよりもっと重要だったのは、自分の信念についてこのように改めて考えることで、何が正されるべきかを知れたことです。それは私が前進するにあたって、自分が見ていることを以前より健全に理解できるようになるために必要なことでした。

この過程を通らず、暗い現実しか見ることができない状態では、手放すことや前進することは困難です。なぜなら人生の旅において、精神的なお荷物を増やさず歩むことは不可能だからです。私たちは健全な視点を持つか、もしくは、自分に何が起こり、どのように傷つけられてきたかという過去の記録のファイルを持ち続けるかのどちらかなのです。基本的に、向き合われたことのない記録のファイルは私たちを圧迫し、視点を歪ませる恨みと憤りに変わります。点を正すという道を選び歩く時、私たちは自分が通ってきた道を変えるのではなく、お荷物を精査して、これから先どちらを残すかを決めるのです。助けにならない証拠か、健康的な視点か。

人生に起こった悪の多くに対して、私たちは選択権を持っていませんでした。でもこれからどう進んでいくかについては選択権を持っています。

私がどのようにこの過程を通ったかの実際的な例をお聞かせしましょう。私は人生のさまざまなエピソードに登場する人たちについて考え、自分が彼らにどんな思いを持っていたかを見極めようとしました。それぞれの名前を聞いた時に自分が身体的に、また精神的にどのように反応するかに集中しつつ、以下のような質問を自分に問いかけました。

・縮みあがる？　あきれて目を回す？　動悸が早まる？　歯を食いしばる？　ため息をつく？
・彼らに良いことが起こっているという不公平について不満に思う？
・彼らが大変な状況にあると聞く時、**やっと報いが来たわ**、と思って密かに喜ぶ？
・集めてきた証拠を突きつけて、彼らに自分が間違っていたとついに認めさせることを夢見ている？
・話をするとき、自分がどんなにひどい目に遭った被害者であるか相手にわかってもらい、満足のいく同情的な反応を引き出し、加害者の行動がどれだけひどかったか認めてもらおうとする？

もしくは

・彼らがまだ私の生活の一部である場合、彼らはひどい人間だと今でも思っている？
・彼らや、彼らに似た人によって私は簡単に傷つき、すね、怒り、いらいらする？

・つらかったと認めるけれども静けさと平安を感じるだろうか？
・彼らが大変な状況にあるとき、彼らのために心から祈ることができるだろうか？
・彼らに良いことが起こるとき、自分の感情を管理することができるだろうか？
・似た状況に向き合っている人々がもっと良い状態になれるように、助けになる視点を分かち合うことができるだろうか？
・他人の良い点を探すことができるだろうか？
・恨みの代わりに教訓を探して集めることができるだろうか？
・私を傷つけた人は、どんなつらいことがあったから、私にあんなことをしたのだろう？彼らの傷に私は同情できるだろうか？
・私に親切でなかった人に、境界線を引く必要はあるとしても、その境界線の範疇《はんちゅう》で私は心から親切にできるだろうか？

そしておそらく最も大切だったのは、自分の物語を再構築して、新しい視点から見ることができるようにしてくれる、以下のような問いでした。

・これをどのように違った視点で見ることができるだろうか？
・この物語の中に、私が集中すべき、贖いの部分はあるだろうか？

・私が赦すと決断し、自分の傷にとらわれるのをやめたら、どんな良いことが生まれるだろうか？
・恨みにしがみつくことをやめて前進することを選ぶとき、どんなポジティブな性質が私の中に生まれるだろうか？

そして最後に、神様は私たちの苦しみを絶対に無駄にはなさらないという事実を通して、自分の苦しみと向き合いました。ローマ人への手紙五章三〜五節が次のように私たちに保証しているからです。「苦難が忍耐を生み出し、忍耐が練られた品性を生み出し、練られた品性が希望を生み出すと、私たちは知っているからです。この希望は失望に終わることがありません。なぜなら、私たちに与えられた聖霊によって、神の愛が私たちの心に注がれているからです」

これを心に留め、最後に以下のような質問をしました。

・もし私が健全だったら、ここから力づけられてどのようなことをするだろうか？
・この傷は私を悪くするのではなく、どのように良くしてくれるだろうか？
・前は受け取ることができなかったけれど、これを通して神様は何を私に与えたり、見せたりしようとしてくださっているのだろうか？

これらの質問に対する答えの大部分はぐちゃぐちゃでした。私のノートは一覧表のように理路整然としておらず、写真のように鮮明でもありませんでした。それはどちらかといえば、他の人には何の意味もなさないことばで描かれた抽象画のようでした。でもそれは重要ではありませんでした。重要だったのは、前進しようと挑戦することにより、自分自身を理解することと、自分の視点を正すことでした。あなたにも同じことができます。

自問自答する、一度の長いセッションの間にすべてが起こるわけではありません。時間をかけて、予想しないような方法で新しい発見がもたらされるかもしれません。例えば説教を聞いている時、ほかの人が証しを分かち合っている時、あるいは歌を通して、もしくはこの本を読んでいる間にそうなるかもしれません。学んだことを書き留めるときは、ことばが流れ出るに任せてください。湧き出てくるものに正直であってください。他者を責めたり、痛みの経験にまた戻ったりしていないか、あなたの炭鉱のカナリアを点検し続けてください。

これをしながら、私は新たな視点よりも自分の痛みの事実に固執しがちだという自分の傾向に気づきました。不健康な感情と考えは、視点というよりも証拠として私のノートに現れ続けました。そんなとき私は次のように心がけました。

・自分の感情と正直に向き合いました。
・勇敢になって、暴走する思いを止めました。そのために口に出して宣言する必要があったとしても。
・信頼できる友達、カウンセラー、そして神様のことばに対しても歪んだ考えを持っていないか点検しました。
・私の思い出について真理を語ってくれるみことばを探し、神様のことばを自分の考えに適用しました。
・自分の物語に対して、以前よりも癒やされた見方と話し方ができるようになるまで向き合い続けました。

前述したように、これは二〜三時間でさっと終わらせられることではありません。二〜三日でも足りないでしょう。この章に印をつけ、必要なだけ何度でも戻ってくると決断してください。

ここまで来るのに時間がかかりました。癒やされ、健全な視点を見つけるのにも時間がかかります。

私は急ぎませんでした。あなたも急かされるべきではありません。

感じていることをきちんと感じる必要があります。

考える必要があることをきちんと考える必要があります。

すべてを吐き出し、整理する必要があります。

そして、何よりも、このプロセスの全行程において私たちは立ち止まり、留まり続ける必要があるのです。

この過程を通る中で、昔のパターンに戻ってあきらめてしまいたいと思ったときに自分に課した挑戦があります。以下の部分を、自分自身の宣言として声に出して読んでみてください。

・**私は逃げる必要がない**。私が探しているものは、ここ以外のどこにもない。
・**私は孤立する必要がない**。嘘がいちばん大きな声で主張するのは往々にして、その嘘の不当性を訴える声がほかにないとき。
・**私は自分を麻痺させる必要がない**。何も感じないままで、良くなることはできない。向き合わざるを得ないほど自分の感情が強いとき、私は癒やしに最も近づいている。癒やしとは、問題の原因を指し示してくれる感情を認められること。それが適切に扱われるとき、それらの感情は、私をここから導いてくれる希望、平安、そして喜びに変わる。
・**私は書いたことを押し殺す必要がない**。私が書いたことばは、私の心を可視化している。私の内側にあるものをいつも見ることはできないけれど、こぼれ出すものに耳を傾けることはできる。これはすべて有益で価値のあること。
・**癒やされたバージョンの私が待っていて、姿を現したいと願っている**。私には、証拠を手放す力がある。証拠は、痛みが起こった場所に私を縛りつけて、私が何度も何度も傷つくようにするだけ。私は恨みを養育するという誘惑を拒否する。神様が私を助けるために介入してくださらなかったと決めてかかるのをやめる。逃げる代わりに、神様に助けを求める。新しい視点を握り締め、その視点を持ってここから進む。私は点を集めた。点をつなげた。点を正した。そして、神様の最も恵みに満ちた結果を生きていると信じることを今選ぶ。私は被害者ではない。私は癒やされ、勝利の中を歩む女性。

親愛なる読者の皆さん、あなたがこの本を読み進めつつもこの箇所に戻ってくる時、以下のことを自分のこととして宣言してほしいと思います。

◆自分のこととして宣言しよう

今日こそ、すべての苛立ち、恐れ、半面だけの真理、そして敵が一生懸命あなたに信じさせようとしてきた明らかな嘘を手放し始める日です。欺きと真実を仕分けしましょう。神様へのことばを、きれいに整える必要はありません。必要なのは、すべてを注ぎ出すことです。ファイルを開いて、証拠を精査しましょう。他者を責めるためにではなく、神様の真実の光の中ですべてを見るために。これらすべてから何を学ぶ必要があるか神様が示してくださるのに任せて、教訓を得ましょう。でも自分の痛みを他者への攻撃材料にはしないでください。

神様はあなたと共におられます。神様が審判者です。神様こそがあなたを守ってくださる方で、あなたを救い、助けることのできる唯一のお方です。思い出してください。あなたの中に閉じ込められた、恨みのこもった証拠は、正義をもたらしたことは一度もありません。他者を変えたり、間違いを正したりしたこともありません。誰かに、自身の行いを悔い改めさせたこともありません。それはただあなたを傷つけ、被害者というラベルの貼られた場所にあなたを監禁しただけです。それはまるで、取り壊された建物の瓦礫《がれき》の中に座って、その瓦礫が運び出されるのを拒絶するようなものです。「だめ！」あなたは叫ぶのです。「砕けたガラスも、割れたれんがも、ぐにゃぐにゃになって今にも倒れそうな骨組みも、手放せないの」。現実を見なくてはいけません。それは「終わっている」ことの証拠です。けれどもそれが認識され、危険な瓦礫が取り除かれれば、その同じ場所は美しい再構築に適した場所となりうるのです。

集めた証拠は貴重品でもなければ、あなたが人生の旅で経験したつらい場所を証明する記念品でもなく、正義のための秘密兵器でもありません。それは瓦礫です。それがあなたを守り、自分の世界をより良くしているとあなたが信じているとしても、それは醜く、とがっています。あなたの心を癒やす要素はまったくありません。それが何かを認め、片づけを始めるべき時がきました。この瓦礫の山から、壊れていないものを取り出すことができるのです。あなたの記憶のファイルの中身が何もかも悲惨なわけではありません。

悲しむ者から受け取る者への変化を遂げるためのスペースを心に作る必要があります。新しい何かが見つけられるのを待っています。あなたが見つける新しい癒やしは素晴らしいものとなるでしょう。でもそれが、あなたを傷つけるようなこれらのことがなぜ起こったかについて答えをくれることはないでしょう。過去と和解することは、過去に起こったことをいつか理論的に理解できるようになるということではありません。そういう答えよりも良いものがあって、本当によかったと私は思います。

癒やされるために、傷ついた理由を知る必要はありません。なぜ彼らがあなたを傷つけたのか、なぜ彼らがあなたを誤解したのか、なぜ彼らがあなたを裏切ったのか、なぜ彼らが本来のあるべき姿であなたを愛し、守り、共にいてくれなかったのか。その理由は、彼ら自身の痛みがミステリアスに混じり合ったものであり、多くの側面があるのです。彼らは自分自身の傷ついた心や魂と格闘しているのです。そして究極的には、なぜ自分がそのような選択をしたのか、彼ら自身にもすべてはわからないでしょう。

もし理解できないのなら、理由を知ることは何も喜ばしくありません。

彼らは自分自身に対して愛情過多、もしくは愛情不足だったのかもしれません。支離滅裂だったり、頑なだったり、不安定だったのかもしれません。やわらかい心というのは、他者を破壊したり、叩きのめしたり、けなしたりしません。でも癒やされていない過去によって傷ついたままの心は、間違った道を選んでしまうことがよくあります。傷つけ、刺し、心にもないようなことばを言ってしまいます。投影された痛みは、彼ら自身の中であまりにももろく感じられるものを守ろうとしているのです。

私がそれを知っているのは、経験があるからです。痛みを与える側としても、受ける側としても。

彼らがあなたを傷つけたことを、本当に残念に思います。どうして彼らがあんなことをしたのか、どうして彼らが去ってしまったのか、私にはわかりません。自分がいないほうがあなたにとって良いと思ったのかもしれないし、あなたのことをまったく考えていなかったのかもしれません。あなたが必要としていたように彼らはあなたを見ることができず、あなたが願っていたように彼らはあなたを愛することができませんでした。彼らはただ、去らなければならなかったのです。

あなたに必要なのは、それがなぜだったのかという理由を知ることではありません。彼らに何かを期待することは、彼らがこれから先もずっと与えるつもりさえないかもしれないものにあなたを縛りつけます。

でももしあなたが前に進みたいなら？　癒やされたいなら？　痛みを与えるものを手放したいなら？　それは百パーセントあなたの選択です。そのためのステップを踏むのはあなたです。あなたが感じていることを感じるとき、考えるべきことを考えるとき、言うべきことを言うとき、それはすべてあなたのものです。

癒やしとはあなたが手を伸ばせるものであり、あなたが手に入れられるものです。感情的な癒やしというのは、到達すべきレベルではなく、あなたが選ぶべき新しい考え方なのです。

今までの考え方が間違っていたかもしれないと認め、ほかの方法があるだろうか、と考えてみましょう。ほかの方法は、常にあります。留まるべき、もっといい場所があります。健全な教訓から学ぶことができます。前へ上へと続く道があり、未来を見つけられます。過去を大切にしながらも、不要な残りを手放すことができます。教訓を得るのです。その教訓は痛みを軽減させ、受け入れざるを得ないことに抵抗する、どうにもならない重圧を緩めてくれます。

あなたが痛みを手放して、恨みがなくなるとき、**新しい視点**という本当に素晴らしい贈り物をあなたは受け取るでしょう。あなたの視点が、あの時期を通して何を得たか――新たな人格形成、さらなる精神的成熟、同じことに向き合っている他の人を助ける能力――に焦点を当てるとき、それこそが癒やしの前進です！　視点はあなたの心と思いに、リバイバルの感覚とサバイバルの確信を与えます。あきらめないでください。妥協しないでください。見失わないでください。耐え抜いて押し進め続け、ついには証拠を手放してください。

証拠はあなたを助けません。告発することはあなたを癒やしません。すべての痛みを握り締め続けることは、美しいこと、可能なことをあなたから取り去ってしまうだけです。手放してください。神様にゆだねてください。神様は何が起こったかご存じで、同じだけのあわれみと正義をもってそれを取り扱ってくださいます。

友よ、あなたはこれを信じ、旅を進めることができます。あなたの心は癒やされ、人生は続いていくのです。

第八章　変えられないものは赦せない

幼い私が木に寄りかかっている白黒写真があります。子ども時代からのものを全部詰め込んだ箱の中で見つけました。そこには赤ちゃんの時から結婚式まで、何十年分もの私が詰まっていました。屋根裏部屋にスペースを作ろうと、掃除していた母がそれをくれたのです。私は、自分がどのように形づくられたのかをもう一度経験しました。木に寄りかかった私の写真は、私が当時どんな見た目だったかを捉えているのと同じくらい、私がその時戦っていた内なる葛藤をも捉えています。私はその写真を取り出して、ドレッサーの上に置きました。

そこに写る私の髪は長く茶色でしたが、顔の周りの部分は太陽にキスされたかのようにほぼ金髪でした。ぼさぼさのくせ毛だったけれど、なんとなくかわいい感じに巻き髪になっていました。肌はなめらかで、体は小さく、ほほえんではいませんでした。考え込んでいるように見えます。どれだけ必死に助けを求めていたか、誰も知りえませんでした。誰に教えられたわけでもない技術を私は駆使していました。自分自身の中に隠れていたのです。

この写真が撮られたのは、私が祖母の隣人に虐待を受けていた時期でした。彼は私の体を犯し、私の心と魂をも破壊しようとしました。聖書のことばを引用し、少女が耐える必要が絶対に絶対にないはずの、恐ろしいことを正当化しました。自分は本当に本当にひどい子どもだと私に信じ込ませようとしました。そして私はそれを信じました。自分自身を軽蔑していました。

その時彼が私から奪ったのは、美しい想像力を持つ純真無垢《むく》さと素朴な子ども時代だけではありませんでした。彼は恐れの穴に私を引き込みました。その穴に再び引きずり込まれないように、私は今も戦わなくてはいけないのです。自分は愛される価値がないという恐れ。他人に利用され、捨てられるという恐れ。最悪の可能性が私の人生ではいつでも現実になるという恐れ。友達には同じことが起こっていないと知っていました。じゃあなぜ私にだけ？

気ままな子どもでいる自由は奪われました。自分を守るために、大人のように考えることを学びました。のん気な少女だった私は、虐待が終わりを告げた頃には用心深い少女に変わっていました。多くのカウンセリングと癒やしを経験しましたが、今でも私は、最悪の事態が自分に起こると仮定して常に衝撃に備えています。

私とは正反対に、自分には最悪の事態は起こらないと信じている人もいます。これは私がグレーテーブルで見つけたつながりです。でも私は思うのです。起こった出来事を変えようがないと感じる時、自分の視点を変えるべきだという理屈は不合理に思えます。自分がまったく望んでいなかった永続的な結果に、希望を抱くことは困難です。他者によって、私たちの人生が、一時ではなく、その日以後毎日深く影響を受けている時、赦しは不可能に感じます。持続する余波こそが、赦すのが最も難しいものなのかもしれません。あなたも、過去のつらい出来事とこのように葛藤した経験があるかもしれません。

前述したように、子ども時代に受けた虐待の影響で、何かが起こると私の頭は極端な考えに瞬時に飛びついてしまいます。それは私の考え方に深くすり込まれていて、意識的な選択ではなく、ほとんど本能なのです。楽しい時間を過ごしているときでさえ、起こりうる悪いことを考えて固《かた》唾《ず》を飲んでいる自分に気づきます。

一生懸命阻止しようとした、幾千ものパターンの事故のために裁判にかけられ、最終的には刑務所に行く自分を想像してきました。

愛する誰かの帰宅が遅れたときや、何度も電話をかけているのに応答がないとき、私はいつも彼らのお葬式の計画をしました。

起こらないだろうと周りの人は考えているようなことについて私はひどく思い悩み、文字どおり食事もできないほど具合が悪くなるのです。

つい数週間前、ビーチでのバケーションで、コーヒーショップのドライブスルーを逆走しようと私の家族は決めました。（本当に理解できません。どうしたらそもそもそんな発想ができるのでしょうか?!）みんなは最高に楽しんでいましたが、私は頭の中で、フル回転の精神科医のように自分に言い聞かせていました。誰も死なないし、逮捕もされないし、夕方のニュースに「ばかげた家族、近隣のコーヒーショップに修理不能の損害をもたらす」というテロップつきで顔写真も出ない。

ばかばかしいけれど、真実です。

最悪の事態が起こると仮定して注意深く息をひそめることなく、物事を楽しむことができていたら、人生はどうなっていただろうかと時々思います。

自己弁護すると私は、生まれて初めてゴルフをした時、他の人が打ったボールが自分に当たるのではないかという心配を口にしたあと、実際にそれを体験した人間です。統計学的にはその可能性が一パーセント以下でも、ゴルフコースにいたのが人生で合計一時間以下だった私のふくらはぎに、ゴルフボールはしっかり当たったのです。本当の話です。そのボールはまるでレーザーで狙いを定めていたかのように、森を抜け、木を避け、自分が打ち損じたボールを探す私の足に命中しました。

古い車のバンパーが雷に打たれたこともあります。覚えていますか。私が小さい頃住んでいた家は、私の誕生日の前日に飲酒運転の車に突っ込まれ、結果としてパーティーがなくなってしまいました。私の人生は統計を無視するということがおわかりいただけたでしょうか。もしくは少なくとも、大変なことが起こる世界に私が生きているということが。

大変で不公平な出来事は私たちみなに起こります。表現方法がさまざまなだけで、誰もがある程度は衝撃に備えているのかもしれません。

祖母の隣人が私にしたことは、ありえないほど不当に感じられました。でも、それだけでなくほかの多くの不幸も、私の内に重いものを形づくりました。

もし妹を亡くしていなかったら、人生はどうなっていただろうかと思います。もし父が電話をくれ続けていたら。もしあの、彼女のせいではない恐ろしい交通事故で友達を失っていなかったら。お医者さんが早期発見するべきだったがんで友達を失っていなかったら。暗闇に追いかけ回され続けたゆえに自死してしまった友達を失っていなかったら。そしてもしも、信頼していたあの友達が私のお金を盗まなかったら。あるいは、あの依存症と不貞がまったく起こらなかったとしたなら。

これらのすべては今でも私に涙を流させます。どう考えても不公平なのです。

もっと悪いことに、これらはどう考えても変えることができないのです。そして変えることができないことというのは、どう頑張っても赦せないことのように感じます。

これらすべてのことを私は深く悲しみます。

深く悲しむことは、夢見ることの反対です。

将来に希望を持てているとき、あなたは言うでしょう。「いつか結婚してお母さんになったり、女優になったり、シェフになったり、科学者になることを夢見ているの」。あるいは「カフェを開店したり、本を書いたり、大人になってから学び直したりする日を夢見ているの」と言うかもしれません。

でも奪い去られてしまった何か、もしくは誰かに関して深く悲しんでいるとき、過去に戻れればとあなたは願います。逆向きに夢を見るのです。

将来のことを願う代わりに、悲劇を知らずに暮らしていた、無邪気な時に戻りたいと願います。でも悲しむ人は、時を戻せないことを知っています。ですから癒やしは不可能に感じられます。状況が変わりえないと感じるのですから。

あなたは以下のような、変えられない状況と共鳴するでしょうか。

・取り戻せない何かを奪われた。
・この人間関係の終焉《しゅうえん》に向き合わなければいけないだけでなく、この関係に付随していたすべての夢と将来の計画の終わりに向き合わなければいけない。
・大きな心の傷を私に引き起こしたのに、相手は大したことではないようにふるまっている。
・痛みが永遠に続くように感じる。
・結果があまりに決定的に感じられ、ここからどう過ごしていけばいいのかわからない。
・私だけでなく、私の家族みなが傷つけられた。
・私を傷つけたあの人とまだ顔を合わせるので、あの痛みが思い出させられ続ける。
・私の人格が破壊された。
・私が人生のすべてをかけていた機会を壊された。

・私の愛する人の人生が奪われた。
・私はあまりにも深く傷つけられ、ひどい傷を負ったので、普通の感覚を取り戻すことはもうできないのではないかと恐れている。

これらは、痛みや喪失の中でのみ生まれる状況ではありません。赦すなんて異常だと思えるような、深い深い悲しみの中でも引き起こされます。

もしあなたが赦すと決めたとしても、あなたを傷つけた人たちがあなたと共に赦しのプロセスに加わることができない、あるいは加わりたいとも思わない場合、どうやって赦せるというのでしょうか。彼らは、悪い行いを止めることを拒否するかもしれません。もう亡くなっているかもしれません。彼らの居場所をあなたは知らないかもしれません。連絡を取ることが危険だったり有害であったりするかもしれません。あなたから見たら不可能な関係の再構築を、相手は望むかもしれません。赦しのプロセスを共に歩むことを拒否するかもしれません。彼らは赦される必要があると思っていないので、彼らに直接赦しを宣言することで大混乱が起こるかもしれません。

これらの状況で、赦したからといって何になるのでしょうか。何も変わらないのであれば、赦すという難しい作業をなぜわざわざするのでしょうか。誰も聞いていない、受け止めない、返事もないようなことばでただ空を打って、どうやって赦すというのでしょうか。

私もこれらの疑問を問いかけ、葛藤したので、どれもよくわかります。誰よりも先に手を挙げ、赦しは大変な一歩だと認めます。でもこの一歩からしか善いものは生まれません。ほかのすべての選択肢は——何もせずに、今いる場所に留まり続けるという選択肢も含めて——痛みに痛みを加えるだけです。でもそもそも、赦すという位置にどうやって自分を持っていくことができるでしょうか。赦しのわざを進めるのに葛藤するとき、以下の真実を心の中で握り締めることを私は学んできました。

1　赦しは、復讐よりも大きな満足をもたらす。

あなたを傷つけた人たちが、あなたに対する攻撃や犯罪を償うべきだということには私も同意します。あなたがその支払いをする必要はありません。でも復讐というのは、誰かがあなたに対して行った悪に対して、あなたが費用を二度払うようなものです。傷つけられた時に一度。そしてその痛みを心の中に留め、本来のあなたが言ったりしたりしないようなことを言ったりしたりしてしまう時にもう一度。仕返しをすることで一時的に気分は晴れると思うかもしれませんが、長期的には常に、精神的にも霊的にも、あなたが思っていたよりも多くの代償を払うことになるのです。

あなたを傷つけた人の人生を少し苦しめたり、教訓を与えたりするためだけに、あなたの平安、成熟、霊的成長、高潔さ、そしてあなたが世界に与えるすべての善いものを手放すべきではありません。復讐はただ、彼らの悪行にあなたの悪行を加えるだけです。赦すことは、彼らが罰せられたり正されたりするというあなたの必要を主に明け渡すことです。神様だけが、正義とあわれみの正しいバランスをもってそれをすることができる唯一のお方です。

赦しは、相手の責任をなかったことにはしません。彼らは神様の御手の中に置かれるのです。そして赦しの旅路を歩むとき、あなたの心はやわらかくなります。時間をかけて、私はこれ以上どんな痛みも――彼らにも、自分にも、これに関わる誰にも――引き起こされないことを真に願うほどにやわらかくされた心を自分の内に発見しました。ただ平和を願います。赦しから得られる平和は、復讐よりも人を満足させるのです。

「自分に関することについては、できる限り、すべての人と平和を保ちなさい。愛する者たち、自分で復讐してはいけません。神の怒りにゆだねなさい。こう書かれているからです。『復讐はわたしのもの。わたしが報復する。』主はそう言われます。次のようにも書かれています。『もしあなたの敵が飢えているなら食べさせ、渇いているなら飲ませよ。なぜなら、こうしてあなたは彼の頭上に燃える炭火を積むことになるからだ。』悪に負けてはいけません。むしろ、善をもって悪に打ち勝ちなさい」（ローマ一二・一八～二一）

2　私たちの神は何もしない神ではない。

最近、とあるセミナーの質疑応答の時間に、こう質問した人がいました。「神様はなぜ、何もせずにおられるのでしょうか？」その質問に込められた痛みは深いものでした。彼女の信仰の内にあるうずきはリアルでした。そして、ああ、私もそれがどんなふうだかわかります。アートとの旅路で、本当にがっかりしていたことを覚えています。何年もの間、私の視点から見ることができたのは、神様からの介入まったくなしに、アートがただしたいことをしているということだけでした。一回一回の呼吸が苦しいとさえ感じるほどの苦痛の中に自分がいるのに、その痛みを引き起こしている人が絶好調の成功者に見えるとき、神様は何もしておられないと思い込むのは簡単です。

でも私たちが仕えているのは、何もしない神様ではありません。神様はいつも働いておられます。私のお気に入りの聖書の物語にヨセフ物語があります。ヨセフは何年も拒絶され、不正に訴えられ、無実の罪で投獄され、そして忘れ去られたように思われました。しかし神様には、いつでも「その間に」があります。ヨセフの状況を通して、ご自身にしかできないことを神様はしようとしておられました。神様はヨセフをいるべきところに置き、いくつもの国が滅んでしまったかもしれないような飢饉《ききん》から、数百万人という人々を救うことができるように彼を整えていたのです。

神様はいつでも、何かをしておられます。

この原則が、私を虐待したあの人にどのように適用されるのか私にはわかりません。ヨセフ物語とは違い、人生でいちばん苦しかった時に神様がどのように働いておられたかということを、この地上で見ることがない場合もあります。でも私は、ヨセフ物語での神様の働きを通して、私の人生の物語での神様の誠実さを知ることができます。

私はアートと語り合うことができるようになり、過去を振り返って自分の推測が間違っていたということを知りました。虚偽の人生を送っていたとき、彼の人生が楽しく最高だったわけではないのです。私がその証拠を見ることができない間も、神様は夫の内に働いてくださっていたのです。それだけでなく、罪というものはそれ自体に罰を含んでいます。当時の自分は悲惨だったとアートは言います。人生を最高に楽しんでいると見せかけないといけない、嘘の生活に捕らわれているように感じていたと言います。その見せかけは、彼を苦しめ、感覚を麻痺させる物質を必要としました。それは彼の魂に深く食い込む残忍な歯をもつ罠でした。今アートは、自分と同じ悪夢に陥らないでくださいと嘆願することなしに、当時の話を分かち合えません。

罪はいつでも、楽しい遊びのように変装します。でもそれにだまされた人の心の幕をめくって隠された舞台裏を見るとき、ひざまずいて彼らのために祈らずにはいられなくなります。そしてそれこそが、自分の敵のために祈るようにと神様が私たちにおっしゃった理由なのかもしれません。ヨブ記一五章二〇節は私たちに思い出させます。「悪しき者は一生もだえ苦しむ」。詩篇四十四篇十五節にはこうあります。「私の前には絶えず辱めがあり／恥が私の顔をおおってしまいました」

アウグスティヌスが言うように、罪自体が「罪の罰となる」のです。[注1] でもそのすべての内に神様がいらっしゃることを絶対に忘れないでください。罪が良い選択のように見せかけられていたとしても、それが物語のすべてではありません。完全な真実を神様はご存じです。アートに関して言えば、神様はただ彼の行いを変えようとしていたのではありません。彼の魂を救おうとなさっていたのです。神様が働いていない瞬間というのは、一瞬たりともありませんでした。

「あなたがたの思い煩いを、いっさい神にゆだねなさい。神があなたがたのことを心配してくださるからです」（Ⅰペテロ五・七）

3　あなたを傷つけた人も、痛みで苦しんでいる。

あわれみの心なしに、誰かを真に赦すということはとても困難です。そしてあなたに対してあわれみの心をまったく見せたことのない人にあわれみを持つというのもとても困難です。ですから、あなたを傷つけた人にあわれみを持とうとすることから始める代わりに、彼らをあの選択に導いた痛みについてあわれみを持つことから始めましょう。

痛みを引き起こす人は痛みの内にいる人です。痛みの存在を確認するのに、彼らの傷を知る必要はありません。どこかの時点で、誰かが彼らの純真さを食い物にしました。彼らを怖がらせ、押しのけ、打ち負かし、いても意味がない、もしくはそこにいないかのように扱い、望まれた存在ではないと感じさせ、恥じさせたのです。きっとこれらの感情のいくつかが組み合わさっていたことでしょう。私はよく、私を傷つけた人たちを、必死にあわれみを求めている子どもとして想像します。彼らの痛みにあわれみを持つことができたなら、偽りなく相手を赦すことができるほどのあわれみを持つことができるようになります。

これは赦しに対して私の心をやわらかく保つのに役立ちます。でもこれは、見過ごされるべきでないものをあわれみの名によって見過ごさなければならないという、罪の痛みの話ではありません。これはただ、あわれみを持つことによって、私が彼らを恥じさせたり、赦しを拒んだりすることがなくなるということです。

私を最も傷つけた人々のうちの一人は、まるで完璧な人生を歩んでいるように見えました。虐待も、ネグレクトも、あるいはどんなかたちの困難も見受けられませんでした。でも完璧に見えた人生は、隠された痛みで満ちていたのです。それを知ったとき、私は涙しました。その人の痛みのゆえに。私の痛みのゆえに。そして人は誰でも、人生のどこかで深い深い傷を負わなければ生きていけないという事実のゆえに。

深い悲しみは私たちみなに訪れます。

「互いに親切にし、優しい心で赦し合いなさい。神も、キリストにおいてあなたがたを赦してくださったのです」（エペソ四・三二）

4　赦しの目的は和解とは限らない。

場合によっては、当事者との関係を保つことは明らかに論外です。でもそれは、赦しという選択肢を除外するものではありません。そしてもし和解が可能だとしても、その過程のためには多くの労力を必要とします。

赦しは、信頼が瞬時に再構築されるとか、つらい相関図が即座に正されるということを意味しません。赦しの目的は、あなたの心をきよめられた状態に保つことです。それは、赦しなさいとの神様の命令と協働し、あなたへの神様の赦しを受け取ることができる位置に自分を保つことにより可能になるのです。赦しはいつでも相手との関係を正すわけではありませんが、傷ついた心を修復する助けになります。

「自分に関することについては、できる限り、すべての人と平和を保ちなさい」（ローマ一二・一八）

「この命令が目指す目標は、きよい心と健全な良心と偽りのない信仰から生まれる愛です」（Ⅰテモテ一・五）

5　真の悪者はサタンです。

人々が、他者に対して罪を犯すか否かという選択権を持っているのは事実です。そして実際に、誰かが私たちを傷つけるとき、その人はサタンの策略に自ら加担したのです。しかしその人自身が本当の敵ではないと覚えておくのは助けになります。悪魔は実在し、すべての善いもの、真実なことを強奪しようといつでも全力です。「**共に**」ということばを彼は嫌います。そして、神様に栄光と栄誉がもたらされることに特に意図的に反対します。でも私たちは、悪魔の策略に対抗して立つことが**できる**と聖書に教えられています。

エペソ人への手紙六章十一節にある「**できる**」ということばは、原文のギリシャ語では dynasthai であり、「私はできる、私には力がある」という意味です。[注2] 敵が私たちの間の問題をかき乱すとき、私たちは無力ではないのです。秘訣は、それを意識するということです。力があるという真実は揺るぎません。しかし、問題が起こったときに聖書のことばに従う気があるかどうかということが、この力についての自覚をしばしば左右するのです。

私はたじろいでしまいます。この事実は私にとって本当に不快です。ある関係において、神様のみことばを実践したくないときこそ、私が神様のみことばに従うことによって敵に重大な敗北をもたらすことができるときだというのですから。神様のみことばの教えに従って生きている人ほど、強力なものはありません。

エペソ六章十一～十二節は私たちを「悪魔の策略に対して堅く立つことができるように、神のすべての武具を身に着けなさい。私たちの格闘は血肉に対するものではなく、支配、力、この暗闇の世界の支配者たち、また天上にいるもろもろの悪霊に対するものです」と励まします。

親愛なるみなさん、あなたの心の傷は甚大です。私の傷もそうです。あんなことが起こらなければよかったのにというあなたの願いは、本当に理解できます。正直に言って、それはある意味で尊い願いです。物事が変わってほしいという願いと、この世ではすべての物事や人を自分が願うようには変えられないということを受け入れる思いを、両方持っていていいのです。両方持つことは可能です。両方を尊重していいのです。

ですから私は安堵のため息をつきます。否定できない真実が私の視点に加えられるとき、変えられないものすら赦すことができるようになるからです。単純なことではありません。ただ読んで終わる真実ではありません。私たちはこれらの真実と向き合う必要があります。その中に留まる必要があります。その中を歩む勇気を得るまで。それを実践するまで。そしてもしかしたら、その真実を自分のものとして受け入れたと宣言するその日まで。

第九章　機能障害とのダンスをやめるための境界線

午前一時半でした。私は完全に無力で、愚かで、狂気の沙汰をどうにもできない自分の非力さに打ちのめされながら、家路を運転していました。私の愛する人がある決断をしようとしていました。私は何も口出しはできなかったけれど、その決断に深く影響を受けました。土砂降りの雨が降っていました。フロントガラスには水が膜になって強く打ちつけていました。そして私は、この雨を止めることができないのと同じくらい、あの人の決断に対して自分が無力だと気づいたのです。

車から降りて叫んだり、地団駄を踏んだり、空に手をかざしたりして雨を止めようとすることもできましたが、雲が空っぽになるまで、もしくは神様が奇跡を起こすとお語りになるまで、私の無意味な努力の上に雨は降り続けたでしょう。私は結局のところ、びしょぬれになって敗北を喫し、車に乗り込むしかないのです。

私のコントロールの範囲外のことを、私はコントロールできません。

雨を止めることができないということのほうが、受け入れやすい事実です。

私の目の前で、愛する人が完全なる破滅に向かっていくのに対処するというのはもっとずっと複雑です。そして彼らの行動が私の人生に悪い意味で影響するとき、それはさらに複雑なのです。

その決断をするなら、私たちがまともで理論的なときには絶対に被りたくないと思うような損失をあなたも私も被ることになると、愛する人に私が事前に警告していた場合、赦しは複雑化します。その人に深く関わっていればいるほど、彼らの選択は私に影響を与えます。彼らの選択が私に影響を与えれば与えるほど、彼らの間違った選択によって私は感情的に、身体的に、精神的に、そして経済的に打撃を受けるのです。

それはまるで、私が絶対に失いたくない大切なものを、彼らがトイレに流そうとしているかのようです。大切なものが渦に流れて無駄になっていくのを見ていなければならないのは、損害額、傷ついた感情、精神的苦痛以上のものです。それは私たちの将来への希望と願いのすべてです。彼らが今下そうとしているひどい決断さえしなければ、完全に現実になりえた夢です。

誰かがあなたを傷つけるとき、赦しというのはすでに充分に複雑なことです。でも彼らが意図的に、自分の人生と一緒にあなたの人生をトイレに流しているのに、あなたは何もできずにそこにただ立っているように感じられるとき、あなたはあまりにも無力で、その異常さに対抗するためにできる唯一のことは、赦さないでいることのように思えるでしょう。

私はそれを本当に理解できます。

あの雨の夜の、私のコントロール範囲外の彼らの選択は、私が手放したくなかった多くのものを流してしまいました。不公平な喪失、彼らの身勝手さ、賢いはずの彼らの識別力と成熟の完全な欠如は、彼らと私の両方に恐ろしい損失をもたらしました。解きほぐすのに何年ものカウンセリングを要するような方法で。もちろん赦しはそのプロセスの一部となっていきましたが、あの雨の夜の時点では、私は赦しについて考えもしませんでした。ただその瞬間を生き延びるのに必死だったのです。そしてその次の瞬間を。私がその時そうだったように、今あなたもそうなのかもしれません。

もしかするとあなたの愛する友達が、彼女の素晴らしさを蝕《むしば》むような相手とつき合うという、恐ろしい選択をしているかもしれません。できうる限りの方法で彼女に警告しても、彼女はあなたの良心を攻撃材料とし、悪意があると言ってあなたを責めて傷つけているかもしれません。あなたは、彼女とお互いの結婚式で付き添い人になり、一緒に子育てをして、家族ぐるみでバケーションに行くような、美しい人生をいつも夢見てきたとします。でも彼女がこの相手と一緒になるなら、それは彼女の世界をめちゃくちゃにするだけでなく、あなたが見てきた夢を全部かなわぬものとすることが明白なのです。そしてあなたは恐れます。いつの日か彼に見捨てられたとき、彼女が助けを求めるのはあなたであり、それがあなたにも大きな損失をもたらすことを。彼女の世界にまた招き入れられるとき、多くのことを赦さなければならなくなるとわかっているのです。

あるいは最善の助言と、訓練と、愛と、養育に必要なすべてをつぎ込んできたあなたの子どもが、突然有害で破壊的な物質の依存症になるかもしれません。彼らのために本当に願っている確かな将来を、確実に破壊するこのモンスターの手から、彼らを解放したいとあなたは必死になります。彼らがどん底まで落ちた時、状況がどれだけひどいものになるかを、あなたは恐れます。そして癒やしのプロセスは、彼らを赦すことを含むのです。あなたは刑務所を訪問することになるのでしょうか？　それともホームレスシェルターを？　それともリハビリ施設を？　それとももっと悪いことに、死体安置所を？　**ああ神様、私がいつの日か赦さなくてはいけなくなるこの惨状は、私の家族にどんな大打撃を与えるのでしょうか。**

伴侶が、疑わしくて、無秩序で、そして衝撃的な決断を下そうとしている場合もあるかもしれません。最悪の可能性を信じたいわけじゃないけれど、彼らの行動と言い訳をあなたの理性は理解できないでいるのかもしれません。あなたの判断力は警告音を鳴らしているけれど、すべての詳細がわかっているわけではありません。ただはっきりとわかっているのは、何かがおかしいということです。あなたは全力でそれを止めたいと願います。ほかの夫婦の経験を見てきました。あらゆる面において支払われた代価は、関係者全員にそのあと何十年もつきまとうのです。人生が土台から崩れていくのではないかと感じられます。取り消せない結果を伴う、残りの人生に影響を及ぼし続けるかもしれない大惨事が起こる時、どうして赦しについてなど考えられるというのでしょう？

破壊的な選択は常に、その選択をする人以上に、周囲の人たちに影響を与えます。そしてその彼らが関係を持つすべての人にも影響を与えるのです。

ですからこの章では、最終的には赦しが現実となるとしても、現状では生き抜くことに必死だというときにどうすればいいかに焦点を当てます。今日下す決断が、私たちがいつの日か歩まなければならなくなる赦しを、ぐっと実現しやすいものにするのです。

誰かが破壊的な決断を下すのは大抵、彼らが傷ついているからです。繰り返し言っているように、傷ついている人たちは人を傷つけるのです。この事実を認識するとき、私たちのエネルギーは二つの方向のうちどちらかに向けられます。

一つめの方向は、適切な境界線を引くことです。これは相手を人生から締め出すことではありません。むしろ、彼らの有害な行動の結果が、彼ら自身よりも私たちに影響を及ぼすことから、私たちを守ることです。

もう一つの方向は、相手を変えようとすることです。それは、あなたが彼らを支配しようと締めつけを厳しくすればするほど難しくなります。そしてもしあなたが成功したとしても、あなたにできることはせいぜい、単なる行動管理です。

他人を変えることは実際には不可能であるということは、私たちの多くが認めるところでしょう。でもそうでもしないとつらすぎる現実に置かれるとき、私たちは不可能なことを達成しようとして疲れ果てるのです。

私たちに**できる**ことは何でしょうか。境界線を引くことです。

境界線については、多くの本や情報があることはわかっています。その内容を上手に適用できる場合もあるかもしれません。でも私たちは、境界線を引くことが不可能に思えたり、愛する人を助けないでいることが残酷に思えたりして、例外が常にあるように感じるのです。

私は経験からそれを知っています。

ですが私が適切な境界線を引かなかった時、長期的に見て、人間関係はもっと深刻な別離に苦しみました。境界線を必要とする人間関係は、放っておいて自動的に改善するようなことはありません。

他人を変えようとすることは、あなたをも相手をも、頭がおかしくなるような苛立ちへ導くだけです。信じてください。彼らの努力よりもあなたの努力が大きいとき、変わる必要が最もあるとあなたが思う人々は、結局のところ最も変わらないのです。

アートとの旅路でいちばんつらかったことの一つは、アートに対する努力を私が手放さなければいけなかったことでした。彼自身の努力より、彼を変えようとする私の努力のほうが大きかったのです。そしてそれが問題の一部となっていました。

なぜなら本人が個人的に真の改心と持続的な変容を求めない限り、より良い行動を自力で選び続けていくことは不可能だからです。ですからあなたが支配の鳥かごから彼らを解放する瞬間、彼らは良くなるどころか前よりもっと悪くなるのです。そして彼らだけではなく、状況も、そして最も悪いことにあなた自身も、もっと悲惨なことになるのです。

前述したことを思い出してください。あなたが自分の感情的、肉体的、経済的、もしくは関係的資源をすべて費やして、助けられたいとも思っていない人を助けるとき、その過程においてあなたはどんどん不健全になります。彼らの行動があなたに代価を支払わせることを許容すればするほど、結果的にあなたが赦さなくてはいけなくなる負債は大きくなるのです。その状況はすでに、あなたに多大な被害をもたらしています。もしあなたがさまざまなものを手渡し続けるなら、これは人生の中であなたを最も消耗させる経験となるでしょう。最終的に、あなたは自分が持つすべてを使い果たし、苛立って泣くのが関の山です。最悪の場合、自滅しかねません。愛する人たちを、彼ら自身の選択の結果へと手放すことは、誰の人生にとっても、最も心が痛む瞬間の一つです。でもそれだけが、相手にとってもあなたにとっても、改善に向かう唯一の道なのです。そしてそれだけがあなたに残された、赦しの道を歩くために必要な健全さを保つ方法なのです。

私は基本的には支配的な人間ではありませんが、瞬時に救助モードに入ってしまうことはあります。極めて厳しい争い、恐れ、または不安と向き合うとき、人は「戦う」か「逃げる」、もしくは「固まる」というモードに入ると専門家たちは言います。私は四つめのモードを持っていると思います。錯乱です。そうしないでいられるわけがないでしょう？　私の判断では、精神的な鉄道の大事故が私の愛する人に迫っているというのに、現実逃避の世界に生きている彼らは、白昼夢の中でぼーっとして線路に横たわっているのです。大騒ぎしないでいられるでしょうか。電車がどれだけ激しく音を立てても、大惨事がどれだけ早いスピードで彼らに近づいていても、結果がどれだけ悲惨になるか誰の目にも明らかであっても、彼らは空想にふけって、線路の横木にただ座っているのです。

正気を失うのは私です。眠れないのも私です。彼らがまるで昏睡状態のような感じで私の声を聞くことができなかったり、プライドの渦の中で私のことばを聞くことを拒んだりしているときに、飛びはねて、両手で赤い旗を振り回して、彼らを救うためにできることをすべてしようとしているのも私です。こんな状況のときにどうしてその場をコントロールしようとしないでいられるでしょうか。

最近、私はノートにこんなふうに書き込みました。

「私が深く愛している人に聖書的洞察を分かち合っても、相手が離れていってそれと正反対のことをすることがある。それは本当に腹立たしい。あなたが引き起こす大混乱の中で、抑え込まれた私の知恵は極度の心配を生み出すのよ。結果としての私の反応は大げさでもないし、必要以上に感情的なわけでもない。私はあなたの人生を救おうとしているだけなのに！」

でも、救われる必要があると思っていない人を救うのは不可能です。彼らを一瞬線路から下ろすことができたとしても、明日にはまた線路に戻っていってしまうのです。彼らが変化することについて、彼ら自身よりもあなたが一生懸命なら、あなたは電車事故を遅らせることができたとしても、彼らを救うことはできないのです。

そして私の経験から言えば、彼らを救おうとしてあなたが線路に登り続ければ続けるほど、列車が彼らとあなたの両方をひいてしまう可能性が高くなるのです。

私は気軽にこれを言っているのではありません。愛を持って言っています。なぜなら、これは真実だからです。あなたが充分頑張れば、充分与えれば、充分愛せば、充分赦せば、充分話せば、あるいは充分支配すれば、いつの日かあの人の変化を引き起こすことができると言えるならいいのにと、私は全身全霊で願います。でもそれは真実ではありません。彼らの変化は彼らの内側からしか起こりません。真に持続可能な変化というのは、外側から働く圧力によってではなく、彼ら自身の心の内から起こらなければなりません。

心肺蘇生法を思い出してください。外側からの圧力によって、心臓は一時的に血液を送り出します。でも彼らはその状態で生き続けることはできません。あなただってそうです。彼らの心臓が自力で脈を打ち始めない限り、あなたはいつか圧迫をやめなければいけません。そして彼らをプロの手にゆだね、心臓にショックを与え、心臓マッサージを続けてもらうのです。それでもいつかは、最高の医師と看護師も承知のように、命を持続させるには心臓が自力で動くことが必要です。

これは肉体的な真実ですが、人間関係についても同じくらい真実です。

他者のことをもう気にかけないということではありません。彼らを人生から完全に、永遠に、締め出すということでもありません。これが意味するところは、私の役割と仕事内容を変えるということです。私は彼らに救われてほしいですが、彼らの救い主ではありません。彼らに回復してほしいですが、そのために彼ら自身よりも一生懸命に取り組むことはできないのです。彼らに必要なのはイエス様です。彼らに必要なのは自制です。だから私は、支配することにではなく、深い同情心を持つことに労力を注ぐのです。

私が彼らと違う意見を持っていたとしても、彼らに対する深い同情心は、私が彼らを愛し、彼らの痛みに共感し、彼らの側からの視点を認めることを助けてくれます。そしてそれによって私は、その状況について何かを言うことができるのです。でも、知恵、アドバイス、判断を分かち合ったあと、彼らが立ち去って正反対のことをするなら、私はどんなふうであれ彼らを救助しないということを意図的に選びます。彼らと共に泣くことはできます。喜ぶこともできます。それは聖書的です。ローマ人への手紙十二章十五節はまさしくそのように教えています。

でも彼らと共に泣き、共に喜ぶことは、制御不能な彼らの選択と行動を制御しようとすることではありません。彼らを赦すことはできます。でも支配はできません。彼らをイネーブリング（訳注・当事者の問題について、それをやめさせようと過度に世話を焼いたり、後始末をしたりすること）するべきでないのです。

共に泣き、共に喜び、健全な同情心を持つというところから、イネーブリングへと一線を越えてしまった場合、どのようにそれを知ることができるでしょうか？　私たちは愛する人の痛みに対して同情心を持つことができますし、持つべきです。しかし彼らの有害な行動が及ぼす悪影響についてイネーブリングし、いつの日か彼らを正気に戻し、ヒーローとして称賛される日を夢見ているのなら、私たちは危険領域に入っています。彼らの機能不全をイネーブリングすることによって、ヒーローどころか、実際には彼らと私たちの痛みを長引かせる共犯者になる可能性のほうが高いのです。

イネーブリングという用語は依存症の現場でよく使われます。愛する人が選択した問題行動を隠し、結果から彼らを救い、彼らが引き起こす問題を丸く収めて、依存行動を続けさせる友人や家族に対して使われることばです。しかしこのことばが使われるのは、私たちの家族の行動が依存症によって引き起こされているときだけではありません。彼らが否認し、他者にも自分に同調して正常であると受け入れてくれることを期待する、他のさまざまな問題への私たちの対応にも使われます。

私のカウンセラーであるジム・クレスは言います。「他者の問題に対して、本人よりも一生懸命取り組んでいるとき、私はイネーブリングしています。相応の結果なしに私の境界線を侵させるとき、私はイネーブリングしています。誰かをかばい、彼らのために弁明し、見逃し、代わりを務め、嘘をつき、秘密を守ることにより彼らの不健全な行動の連帯保証人となるとき、私はイネーブリングしています。彼らの不健全もしくは無責任な行動の責任を他者や状況になすりつけるとき、私はイネーブリングしています」

覚えていますか。赦しは、私たちを好きに扱ってもいいと他人に許可を与えることではありません。赦しは、報復を必要とする思いから私たちを解放しますが、境界線の必要はなくなりません。

私たちは他者の行動から影響を受けますが、彼らの行動の責任は私たちにありません。私たちが責任を持つのは、自分の行動と反応に対してです。ですから私たちは、他者から受ける影響に正直になる必要があります。自分の反応と行動の対処能力を超えてまで、彼らと共にいるべきではないのです。

冷たく聞こえるかもしれませんが、これは聖書的愛です。ローマ人への手紙十二章の文脈を見るとき、そこには美しいバランスがあります。次に引用する九〜二十一節を読み、何によってですでにこのように生きているか、また、どうすれば自分が霊的に成長し、この教えにもっと従えるようになるか考えてみてください。境界線を引くことによって、この聖書箇所のどの部分をさらに一貫して体現できるようになるか書き出してみてください。

「愛には偽りがあってはなりません。悪を憎み、善から離れないようにしなさい。
兄弟愛をもって互いに愛し合い、互いに相手をすぐれた者として尊敬し合いなさい。
勤勉で怠らず、霊に燃え、主に仕えなさい。

望みを抱いて喜び、苦難に耐え、ひたすら祈りなさい。

聖徒たちの必要をともに満たし、努めて人をもてなしなさい。

あなたがたを迫害する者たちを祝福しなさい。祝福すべきであって、呪ってはいけません。

喜んでいる者たちとともに喜び、泣いている者たちとともに泣きなさい。

互いに一つ心になり、思い上がることなく、むしろ身分の低い人たちと交わりなさい。

自分を知恵のある者と考えてはいけません。

だれに対しても悪に悪を返さず、すべての人が良いと思うことを行うように心がけなさい。

自分に関することについては、できる限り、すべての人と平和を保ちなさい。

愛する者たち、自分で復讐してはいけません。神の怒りにゆだねなさい。こう書かれているからです。

『復讐はわたしのもの。

わたしが報復する。』

主はそう言われます。

次のようにも書かれています。

『もしあなたの敵が飢えているなら食べさせ、

渇いているなら飲ませよ。
なぜなら、こうしてあなたは彼の頭上に
燃える炭火を積むことになるからだ。』
悪に負けてはいけません。むしろ、善をもって悪に打ち勝ちなさい」

忘れないでください。私たちが目指しているのは、他者の制御不能な行動に対して制御不能な反応をすることなしに、彼らへの深い同情心を保つことです。

難しいということはわかっています。私も一緒に学んでいるところです。自分が成長していると感じるまさにその時、私は後退してしまいます。ちょうど今、私のドレッサーの上には、紙くずでいっぱいの大きな袋が二つあります。なぜかって？　聞いてくださってありがとうございます。私が恥じてすくみ上がっている様子を想像してください。この章で語ってきた、すべきだとわかっていることをする代わりに、私は最近とある状況でキレてしまったのです。

我が家にとても重要な書類が送られてきました。弁解しますが、宛名には私の名前も含まれていました。その封筒を開けて中身を読み始めた瞬間、私の血圧は急上昇しました。私が強く異論を唱えていたことに、家族の一人が踏み切ろうとしていたのです。取りやめるべきだという多くの理由を、私ははっきりと表明してきました。それなのに私の言うことを聞いていなかったなんて信じられませんでした。私は境界線を保ち続けるのに疲れていました。振り返ってみれば、その書類を読んだ時私がすべきことは、その決断が私の予想どおり壊滅的であったとしても、経済的に援助する気はまったくないという境界線をはっきりさせることだけでした。

私の家族は、アートと私が経済的境界線を持っていることを知っています。休暇や贈り物には気前よくお金を使います。でも無責任な買い物や、彼らの選択による重荷を帳消しにするためにお金をあげたりはしないのです。あまりの怒りと落胆で、私は書類をできるだけ細かく引きちぎりたいという思いに駆られました。だからそうしたのです。

台所に立って、ゆっくりとその書類をさまざまな方向にちぎりました。最後の一枚をちぎり終えた時、それでも充分とは思えませんでした。そこで書類が入っていたフォルダーと封筒も破きました。静かにその紙くずを袋に詰めてカウンターに置き「この状況に関して私が言えることはこれだけ」と書いた紙を貼りつけました。

その瞬間はとてもいい気分でした。でも翌朝起きて自問しました。**嘘でしょ、リサ?! 正気なの?!** その家族が私に言ったのは「わぁ、『これだけ』という割りには、だいぶ雄弁ね」だけでした。今や謝らなければならないのは私のほうであり、その会社にもう一度書類を送ってもらう方法を考えなければいけませんでした。はからずも、とはいえ意図的に、正気を失って、書類を全部引きちぎったのだと言わなければなりません。そして電話をかけると、その電話に出た女性は、私が書いた本を最近読んだばかりだと言いました。最高の皮肉です。なんてことでしょう。

自分自身を制御できるか否かが、他人を支配できるか否かに左右されてはいけないのです。

次のようなとき、私は自分の境界線を超えたとわかります。私の口調が、静かなことばから怒りの攻撃演説へと移るとき。

祝福から呪いへと、平安から混沌へと、書類について協議して境界線をはっきりさせることから、びりびりに破いて袋に詰めることへと移るとき。神様に信頼することから、自分で状況を正そうとすることへと移るとき。そしてこれらの反応はどれも、私が同情心を持ち続け、赦そうとし続けることの助けにはならないのです。

同情心と思いやりは、赦しへの鍵です。誰かを支配しようとする限り、その人を真に赦すことはできません。その理由の一つは、誰かを支配しようとしている間じゅうずっと、あなたは苛立ち続けることになるからです。その苛立ちは、赦しのプロセスを避けて通ります。そしてもう一つの理由は、境界線なしでは、彼らのお粗末な選択が、同情心と思いやりを持ち続けるためのあなたの霊的能力を破綻させるからです。

彼らがあまりに制御不能で、どこかの時点であなたが疲弊《ひへい》しきって弱り、自制心を失ってしまうというのは言うまでもありません。彼らの混沌という祭壇の上で、あなたは自分の平安をささげてしまうのです。あなたはほどなく、彼らに「とにかく今！　すぐに！　止めてほしい！」と願うような切迫した状況に陥ってしまうでしょう。そしてそのような状態のときに品格を下げてしまうことを私たちは知っています。私はこれを自分自身に語っているのです。適切な境界線を保たないとき、過度の苛立ちと疲弊の瞬間に、自分自身の品格を下げてしまう傾向が私にあるからです。境界線は他者を押し出すためにあるのではありません。自分がばらばらにならないためにあるのです。

境界線を保たないとき私は、自分の優しさを怒りと恨みの軽率なことばに格下げし、赦しに向かって歩いていた道のりを苦い思いに格下げしてしまうのです。誠実なことばを怒りに満ちた苛立ったことばと、攻撃と、失礼な発言に格下げしてしまうのです。和解の態度を報復へと格下げしてしまうのです。それは私が悪い人間だからではなく、適切な境界線を保たなかったからです。

境界線というのは百パーセント私の選択です。彼らの選択ではありません。ですから私は、自分の霊的能力が許す限りの同情心と思いやりを差し出しつつも、自分自身が健康でい続けられるように、健全な選択をすることにエネルギーを注ぐべきです。そして私の霊的能力が常に広がり続けられるように自分を成長させ、成熟させてくださいと主の前に謙遜であり続けるのです。

どのようにこれを実践できるでしょうか。忘れないでください。これは人間関係の難しさの中で差し伸べられる同情心と思いやりの話ですから、状況が急に改善されるわけではありません。私たちが境界線を引こうとしている相手が急に私たちの側に立って、私たちが心配してきた行動をやめるということでもありません。状況に関与するすべての人が、自分たちの関係の中に美しい線が引かれたとその境界線を歓迎してくれるわけでもありません。でも、前進していくために、次のことは熟考に値します。

・この関係だけでなく、すべての人間関係において、私はどんな人でありたいのか？
・自分の人間性、行動、コミュニケーションの一貫性を保つために、私はこの関係の中で何をすべきか？
・私の力が最も発揮できなくなる、人生の分野はどこか？（例・仕事、子育て、休暇中）
・自分の力を現実的に判断したとき、この関係はどのように、私が相応に、あるいは惜しみなく、差し出せる範囲を超えさせようとする危険があるか？
・この関係において、罰を受けたり押し退けられたりすることを恐れずに、相手に与えられるものと与えられないものを自由に伝えることができるか？
・最も限りのある、私の感情的あるいは身体的資源を相手が利用するのを軽減するために、私が自分に課すことのできる現実的な制限にはどのようなものがあるか？
・この相手と関わるのに最も**健全**な時間帯はいつか？
・この相手と関わるのに最も**不健全**な時間帯はいつか？
・この相手の予測不能な行動は、私が他の人間関係において人を信頼するのにどのようなネガティブな影響を与えているか？
・私は彼らの決断の結果により、彼ら自身よりも苦しんではいないか？
・彼らの最も現実的な、あるいは最も非現実的な、私に対する期待は何か？ 私の最も現実的な、あるいは最も非現実的な、彼らに対する期待は何か？

・この関係においてどのような境界線を引く必要があるか？

信頼できる信仰深い指導者、もしくはクリスチャンカウンセラーと共にこれらについて考えるのが助けになるかもしれません。これらは、あなたの人間関係をさらに複雑にさせるための問いではありません。むしろ、私たちがどこで機能不全から抜け出せなくなっているのか認識するのを助けてくれます。人間関係における有毒な現実は自然には緩和しません。無視している間に健全になることはありません。相手にせがんで改善することもありません。私たちは困難に対して正直になる必要があります。人間関係を持ちこたえさせるために私たちが望んでいるだけでなく必要としている健全さを、その困難が複雑にさせたり、阻んだりしているのです。

そして、正直に言って、私たちに不当な言動を取る人たちに物申す時がきました。厳しいことばとして受け取らないでください。もしあなたが虐待されているなら、あなたがその状況を招いたという意味ではありません。もしあなたが精神的トラウマで苦しんでいるなら、それを防ぐためにあなたが何かをできたはずだと言っているのでもありません。でも私たちみなに大切なのは、前進するとき、人間関係において何が自分の許容範囲内で何が許容範囲外かを口にできると知ることです。

繰り返しますが、私はこのチャレンジを自分に課していて、それをやり遂げることができるようにあなたに見守ってほしいとお願いしているのです。私もあなたを見守っているのと同じように。でも、友よ、自分が許容した現実を自分が生きることになるということを忘れないでいましょう。聖書的でないことや、耐えられないことの中に生きるようにはならないようにしましょう。はっきり宣言され、恵みを持って実施され、一貫して守られる境界線を持つことによって、私たちの人生に土足で踏み込もうとする人たちを教育する時が来たのかもしれません。

あなたが正気でいられるために、必要な境界線を引くのです。安定のために、その境界線に対して一貫した態度でいるのです。

ただし、イエス・キリストと共に成長するとき、私たちの思いやりと同情の容量は増えていくはずだと、常に覚えていてください。ですから、成熟のために境界線を再査定する助けを主に求めてください。

私たちが成長し成熟する時、境界線が変化する場合もあることを忘れないでください。関係が改善するかもしれません。もしくは、相手があなたの思いやりにさらに手を伸ばすのをあなたの霊性が許すようになるかもしれません。あるいは赦しの美しい働きにより和解が増し加えられて、制限が必要なくなっていくかもしれません。繰り返しますが、信頼できるアドバイザーと状況を精査することが助けになるでしょう。そうすればあなたの決断は、安易な感情的反応ではなく、健全で祈りに満ちた実際的な決断となるはずです。

健全な境界線を引くことは自由のためであり、成長のためであり、関係者みなにとって健全な人間関係の習慣を再構築するためです。繰り返しますが、境界線は他者を押しのけるためではなく、あなたがばらばらにならないためのものです。それによりあなたは他者を愛し続け、敬意を持ち続けられるのです。

あなたの恵みが悪用されたり、心が破壊されたりすることなしに、七回の七十倍の赦しを要求されるような関係から立ち去るためには、この環境が必要なのです。

境界線を引く時、次のことを忘れないでください。

・私のカウンセラーは言います。「大人は情報を伝え、子どもは説明する」。私は思いやりと同情心と明瞭さを持って自分の境界線を宣言します。言い訳されて譲歩したり、精神的に疲れる長い説明を聞いて例外を作ったりしません。

・私は自分に不健全な反応を引き起こすSNSアカウントからの通知を受け取らない選択肢を持っています。いきなりフォローを外すよりもそうするほうが健全かもしれません。でもフォローを外すことがもっと適切なら、その選択をすることも私はできます。

・私は嘘から目を背けたり、他者が自分の悪行を隠すのに加担したりしません。人を信頼できなくさせるような行動に対する自分の限界をはっきりと伝えます。

・私はノーと言うことができます。愛しなさいという命令と、常に人を喜ばせなければいけないと思う病を混同してはいけないのです。

・私は、自分が何を与えることができ、何を与えることができないかということに正直でいることができます。自分の能力の現実を伝えることは、私を悪い人間にはしません。機能不全はすべての分野で私の力をすり減らします。境界線は、自分の能力の範囲内で、以前よりも一貫性を持って機能する力を与えてくれます。

・ある人の行動が私の気分や反応に与える影響が常に否定的だと感じるとき、私は、自分の最も無防備な感情と有限な資源に、彼らがどこまで立ち入れるか制限することができます。これは私のためだけでなく、私と人生を共にする他の人々のためでもあります。私の境界線を尊重しない人がいつも私を落ち込ませて、私が他の人に八つ当たりするリスクを冒させるというのは不当です。

・感情の渦を助長させる会話に関与しないという選択を、私はすることができます。少数の、信頼できるアドバイザーたちと状況を精査することは健全かもしれませんが、ただ興味本位で噂を知りたがるだけの人たちとそうすることは悪口を言うことであり、ゴシップの落とし穴へと私を誘います。

・境界線を引くときに、悪意があると非難されても、私はくじけません。代わりに、はっきり言うことができます。「私が愛を持ってこれを言うのを聞いてください。私はあなたの選択を尊重します。あなたにも私の選択を尊重してもらう必要があります。境界線を伝えることは、支配的であったり操ろうとしたりしているのではありません。複雑な状況について知恵を用いることです」

この章を閉じるにあたり、これは簡単ではないともう一度言いたいと思います。でも**可能です**。今日、この章のどの部分があなたに響くか祈ってみてください。圧倒されるのではなく、健全に愛し生きる道をあなたが求めているという事実に力づけられてください。私も同じことを求めています。

私たちにはできます。人間関係の混沌が再び忍び寄ってきたと感じるときに帰ってこられるように、この章に印をつけておいてください。この旅にはアップダウンがつきものです。でも親切な心、純粋な意図、そしてしっかりとした境界線を持って神様の最善を求め続ける限り、私たちは道を見つけ続けるのです。

第十章　神様が救ってくれると思ったのに

神様はあの時どこにおられたの？　何でもできる神様ならなぜ止めてくださらなかったの？　神様は今日状況を変えることも、問題を今解決することも、奇跡を起こすこともできるのに、なぜそうしてくださらないの？

私たちが「混沌のトンネル」を通っていた間、私は神様に、状況を正すためにこうしてくださるのはどうでしょう、という提案を何百としました。でも、私が期待したようには神様は介入してくださりませんでした。このすべてを――痛みを、悲劇的な壊滅状態を、日々増し続ける被害を――神様がどのように止めてくださるかを想像し続けました。たくさん祈りました。祈りから立ち上がったあとは、かすかな希望の光や保証の小さな証拠を、大いなる期待を持って探しました。神様がこう働いてくださったらいいというシナリオを用意し続けました。

神様がすべきことだと私が思っていたこと――救助と再建――をしてくださるのを見たら、神様が私に求めておられること――赦すこと――を間違いなくするつもりでした。神様と駆け引き

をしようとしていたとは思いません。でも、神様と私のそれぞれに果たすべき役割があると思っていました。

私は息を止めて、輝かしいターニングポイントを待っていました。その時が来たら、私は安心のため息をつけるでしょう。来る日も来る日も私は祈り、見渡し、信じ、泣き、疲れ果ててベッドに倒れ込み、そしてまた祈り、もっと良い日々を夢見て、眠ろうとするたびに私の脳裏にやってくる、最悪のシナリオの幻想と戦うのです。

でも神様がアートに介入してくださっているという確かな証拠を見ることができないので、私は自分が神様から見えておらず、私の祈りは聞かれていないように感じました。そして神様から見えておらず、祈りが聞かれていないように感じられれば感じられるほど、神様と私の駆け引きは崩壊していきました。「神様、あなたがご自分の役割を果たされないなら、私に自分の役割を果たすことをどうして期待されるのですか？」

クリスチャンがよく言う「神様はあなたを運んでくださっている。あなたのために働いてくださっている。この状況の中でも神様は良いことをしてくださっている」というようなことばは、教会に張られるポスターや、説教のポイントや、インスタグラムの投稿には良いけれど、現実の痛みに対する現実の約束には感じられなくなりました。

私のノートを埋めていた祈りは、一つの疑問へと縮小されてしまいました。「**なぜなのですか？**」

大胆な確信を持って手を挙げて歌っていた賛美の歌は、今やかすかなささやきでした。歌詞を口に出すのもやっとでした。

希望はずっと、私が大好きな霊的視点でした。一人めの子どもの名前につけたほどです。そのことばが指し示すものが大好きです。希望があるから私たちは耐え抜くことができます。

ウェブスター辞書は**希望**をこう定義します。「特定のことが起こることに対する期待と願望の感情」[注1]。でも誰かが「私は頑張って、希望が死なないようにしている」と言うのを聞いたことがありませんか？　このような場合、希望は達成前の約束というよりも、延命装置につながれた患者のようです。希望が確信ではなく危険な賭けのように感じられるとき、希望ということばに慰められるどころか脅威を覚えました。

はっきりとはことばにしませんでしたが、希望を持っていると口にすることはまるで、神様と私の両方が笑い者になるリスクを、神様の代わりに私だけが負っていることのように感じました。人間的視点からは理解不能な生活を送っているとき、自分の内なる声の中で、恐れこそが最も論理的に感じられるのです。ですから「希望を持つ」ことは、変化のない瞬間が過ぎていくたびに増す痛みを感じることと同じでした。

私はもう、アートとの状況に希望を持ちたくありませんでした。そして希望を失えば失うほど、赦しに抵抗しました。それはきっと、赦すことと前に進むことが同じだと思っていたからです。どちらが前かわからない時にどうやって前に進むことができるというのでしょうか。**最終的に関**

手と癒やしに前進するのでしょうか。それともアートなしで赦し係の修復につながる赦しと癒やしに向かって前進するのでしょうか。神様はどうしてはっきり示してくださらないのでしょう。手に負えない状況を神様はどうして止めてくださらないのでしょう。希望を持ち続けたからといって何になるというのでしょう。

それでも、希望を失っていると口に出すのは不信仰のようで、まるで勝ち目のない綱引きのようでした。「ノーコメント」と言うのが良い対処法で、質問されるような会話を避けるというのがもっと良い対処法でした。

私と時間を過ごしたいと言ってくれる、親切で寛容な人たちからの誘いが恐ろしい脅威に感じられました。自分が知っている自分、もしくは少なくとも以前はこうであったという自分とまったくそぐわないことを言ってしまうのではないかと思ったのです。

不思議なことに私は、自分が何を感じているかを瞬時に理解することができません。その感情が上向きか下向きかはわかるのですが、それが何なのかということをはっきりさせるのは難しいのです。可能性のあるすべての感情の中から、それが何なのかやっと突き止めても、今度は何の問題がその感情を引き起こしているかということを突き止めなくてはいけません。でもその当時、すべての感情は下向きで、すべては直接アートに関連していました。私の人生は車輪に乗せられているようでした。そしてその行く先は、生還する人のほとんどいない奈落の底だったのです。私は今にも起こりそうな壊滅的状況の横を走り、最善を願い、最善を祈り、自分の愛する自分の人生が走り去るのを必死でつかもうとし、アスファルトの上に投げ出されて血まみれで、あざだらけになっているのです。

すべてが痛み、すべてが不可能に感じました。

日々の小さな選択ですら圧倒されるほど複雑になりました。何を着るか、何を食べるかはとてもささいなことに思えますが、それを決めるのがとても疲れることになったのです。携帯メールやEメールや電話を無視して、絶対に必要でない限り、スーパーやドラッグストアのような何でもない場所にも行きませんでした。そしてもし行ったとしても、私を知っている人がいて話しかけられるのではないかと恐れ、お店の中までちゃんと入っていけずに、必要なものを買えないまま終わることもよくありました。

自分の人生の中で完全に迷子になっていました。実際に、必死で家に帰ろうとしているのに、全然気づかずに家の前を通過してしまうことすらありました。私は同じ通りに建っている同じ家に二十七年以上住んでいたというのに、です。

神様はこれを全部見ることができたはずです。神様は私の傷、落胆、完全なる混乱、そしてどうしようもないほど助けを必要としていたのを見ることができたはずです。私は神様を本当に信じていました。でもそれが、問題の一部となってしまったのです。それまでの人生で神様が力強く奇跡的に介入してくださった経験もあったので、神様が誠実なお方であるという揺るがない証拠がありました。

そうであるならなぜ、私の結婚生活に関する嘆願はことごとく無視されているのでしょうか。神様が働いてくださりやすいように自分が状況を完璧に整えた、と感じたときは特に頭がおかしくなりそうでした。ある土曜日、アートが私と一緒に祈りの礼拝に行ってくれたことを覚えています。一緒に行くと言ってくれたのでびっくりして、普段にないくらい希望を感じました。今でもその状況を全部、映画館のスクリーンで見るかのように、はっきり思い起こすことができます。特定の思い出に極度の感情が結びついているとき、私はおかしいほど細部まで覚えているのです。

礼拝堂にあったグレーの椅子の織布も覚えています。

アートが手を挙げて礼拝していたのを覚えています。私は泣きました。神様が働いておられると確信しました。牧師が短いメッセージを語り、前に来て他の人のための祈りのカードを取ったり、自分の人生について祈ったりするように招きました。静かな音楽とささやき声の祈りが部屋を満たしていました。ほとんどの人たちは祈りながら歩き回り、何人かは自分の席で祈っていました。少人数のグループで祈っている人たちもいました。

一緒に祈ろう、とアートが言ってくれるのを待っていた私は、動き出す前に躊躇しました。でも数分待っても彼が誘ってくれなかったので、私は席を離れて前に行きました。白い祈りのカードがステージの端に置かれていました。近づいて一枚取ってみると、祈りの課題が赤いインクで書かれていました。そのカードを書いたのは服役中の男性で、息子のために祈ってくださいと書いてありました。次のカードは、同じ刑務所で服役中の別の男性によるものでした。その次も。刑務所にいる彼らと私には何の共通点もないように思えましたが、閉じ込められ、逃げられないというのがどういう気持ちか私には痛いほどわかりました。

後ろに戻り、歩き回りながら祈りつつ、アートのほうを見ました。アートは祈っている？　泣いている？　神様は彼の心を動かしている？　彼の気持ちを変えている？　ついに私の祈りに答えてくださっている？

私には判断できませんでした。そして様子をうかがっていることを変に感じました。奇跡が起こる瞬間を見ようとするべきではないのかもしれません。私は下を向き、ただ神様が働いてくださるのに任せようと決意しました。この日こそすべてが変わる日だと私は確信していました。**お願いです、神様。どうにかしてください**。

祈りの礼拝は、美しい共同の祈りと、賛美をもって閉じられました。私は教会を出て行く人たちを見ていました。みんなが笑顔だったり笑い声をあげたりしているわけではなかったけれど、嫉妬の激痛が私を突き刺しました。私が以前送っていたような、普通の生活に彼らは戻っていくのです。もちろん完璧ではありません。でもトラウマ的な生活よりもずっと予測可能です。奇跡が起こらなかったことを確認するのに、アートに質問をする必要はありませんでした。私にはわかっていました。

二人で朝食を食べに行きましたが、私は卵料理を飲み込むのも大変でした。目に見えない何かが、極度の感情的緊張をもって私ののどを締めつけていました。私の涙を抑え込んでいたものが何であれ、それが外れてしまったら涙は永遠に止まらないと思いました。その夜遅く、私は胎児のように丸まっていました。親友の一人が一緒にいてくれたおかげで、何とか呼吸だけはできる、といったありさまでした。

頭の中で、ここまで不可能なことをこれ以上信じ続けることはできないと率直に神様に言いました。

神様が私を生き延びさせてくださると信頼していました。でもこんなにも死んでしまったものを生き返らせることはどうでしょう？　もはや見ることができなくなってしまったことによって私はあまりにも疲れ、トラウマを受けていました。目に見えるものを超えて希望を持つことは、もうできませんでした。

神様は少なくとも、私が希望をどの方向に向けるべきかくらいは教えてくださるべきだとずっと思っていました。アートと私がいつの日か共に癒やされるのか、アートなしで前に進むべきなのか。この二つのバージョンの癒やしはまったく別物に感じられました。この二つの赦しのストーリーはまったく別物に感じられました。どうことばにしたらいいかわからないのですが、ことばにする必要があると思います。私は自分の心を良い場所――赦しの場所、希望の場所――に保とうとあまりに必死に頑張っていたので、その時は、今となってはもうこのまま苦い思いに自分をゆだねてしまうほうが簡単だと思いました。私が願ったような、赦しの見返りがないと感じたのです。

私たちの状況が信じたようにならないとき、自分でもきちんと向き合っていないこのような落胆の感情は、神に関する事実のように感じられてきます。私は前著『*It's Not Supposed to Be This Way*』に、極度の身体的な痛みを経験し、善いお方である神様が、私が痛みに苦しむのを見て何もなさらないのはなぜかと葛藤したことを記しました。でもその痛みがついに診断されて手術で治された時に学んだのは、神様は私たちを愛するあまり、正しい時以外に祈りに答えることはなさらないということでした。

私は今でもそれをよく自分に言い聞かせます。

でも痛みが感情的で、永遠に続くように感じるときはどうすればいいのでしょうか。その感情に誰と共に向き合えばよいのでしょうか。神様が必要だとわかっているのに、神様を信頼するのが途方もなく危険に思えるとき、どうすればよいのでしょうか。

揺れるのは、神様に対する感情だけではありません。もっと大きな心配事は、終わりのない痛みに関するこの祈りが答えられないという事実が、あなたに対する神様の思いを表しているのではないかということです。

ニューヨーク・タイムズは二〇一五年に、「神を検索する」[注2]という記事を掲載しました。著者であるセス・スティーブンス=ダビッドウィッズはこう書き出します。「この十年は少なくとも今のところ、神にとって良くない期間だった」。そしてこう続けます。「神に疑問を持つとき、人々はどのような問いをするのだろうか」。最も多かったのが「誰が神を創造したのか？」で、次は「神はなぜ苦しみを許容するのか？」でした。でも私の心に響いたのは三つめの質問でした。つらい状況を通るとき、私たちの多くが経験する葛藤がどれだけ深いかということがその質問に表れています。それは「神はなぜ私をひどく嫌っているのか？」という問いでした。

裏切られたと感じずにはいられないような状況に置かれるとき、神様の思いに疑問を持つのは私だけではないのです。「ひどく嫌う」ということばを私は決して使いませんでしたが、神様に関するもっともよくある質問の一つにそのことばが登場するということは、私たちの視点がどれだけ暗くなりうるかを私に教えてくれました。最も壊滅的な霊的危機は、神様はなぜ何かをしてくれないのかと疑問に思うことではありません。神様は私のことなんか気にかけてくださっていないとはっきり確信することです。その確信こそが、神について検索する気持ちの後ろに隠れていることだと思います。

身震いしながら言いますが、私自身の落胆の後ろに隠れていたのもそれだったと思います。信仰を破綻させるのは疑いではありません。間違ったことに確信を持ってしまうことです。例えば、「赦しは意味がない。価値がない。今はそのように従順になる時ではない。神様は働いていない。私の目の前に広がるこの状況こそが、神様が働いていないということの証拠である」といったようなことです。

そのようなとき私は神様の愛を、備えを、守りを、命令を、誠実さを、どんどん疑ってしまうのです。そして何よりも、神様が実は何の計画も持っておらず、私は誰にも制御できない状況の被害者になるだけなのだということを恐れ始めてしまうのです。

痛みと混乱という、私の視点から見る人生の状況と、そのような考え方は合致します。しかしそれが真理とは合致しないというのが問題です。私の人生が大混乱に陥る前に私は、何があっても神のみことばこそが私が立ち返り続ける場所だとすでに決意していました。

抵抗することもできました。背を向けることもできました。苦々しくあきらめ、聖書を何年も棚に置いてほこりまみれにすることもできました。でも自分の心にすでに深く刻み込まれていたことから逃げることはできなかったのです。心の深い、聡明な部分で、自分に見えることがすべてではないとわかっていました。神様の誠実さを見ることができた過去の経験から、つらい時間のただ中で神様のお働きが全部見えるわけではないと知っていました。

神様がドラマチックに、私に見えるほど素早く働いてくださって、「わぁ、神様がしてくださっていることを見て！」というほどだった経験がないわけではありません。でもほとんどの場合、神様の日常のお働きは小さな変化が何千と積み重なって起きるので、それが起きている間には印象を残さないのです。

アートに何も起こっていないと思い続けていた数年間を振り返れば、実はとてもゆっくり奇跡が起きていた過程を見ることができます。神様は介入し、物語を織り上げ、そして働いてくださっていましたが、私は人間の目でそれを感知することができなかったのです。

葛藤が始まってから二年ほど経ったある日曜日、私は早く目が覚めました。家が揺れるほど激しく雷が鳴っていました。私は本当に孤独でした。外は土砂降りです。窓から外を見ました。何に対しても抗う気力がありませんでした。雨、傷ついた心、一人ぼっちで教会に行くこと、そして外の灰色の雨雲と同じくらい重くのしかかる、みんなが私に疑問を持っているという感覚。

でも、教会に行く代わりに家にいることで何が起きるかを、座って考えました。私は、嵐を乗り越えて神様の真実さを思い起こさせてくれる場所に行く必要があるとわかっていました。「神様が私を愛している」ということが、確信を与える事実というよりも、心を突き刺す疑問に感じられるときこそ、今日が物語のすべてではないことを思い起こさせてくれる場所に行かなければならないと、私はすでに学んでいました。今日は物語の一部ですが、物語のすべてではないのです。

その日曜日は嵐で、家にいるのにぴったりの日でもありました。

でもその日は安息日でもあって、神様の誠実さを思い起こさせてくれる場所に行くのにぴったりの日でした。

どちらでもあったのです。

その日をどう見るかという私の選択が、私の行動だけでなく、もっと大切なことに、私が何を見るかということを決定づけたのです。私は家で孤立して嵐を見ていることもできました。あるいは礼拝堂で神の真実が語られるのに耳を傾けることもできました。どちらもその日の真実でした。でも私がより注意を払うほうが、その日の私の視点に影響を与えたのです。

それは私の選択でした。

そして、神様が私の祈りに答えてくださっているか否かをどう見るかという私の視点についても同じことが言えます。

神様がしてくださっていないことすべてに目を注いで、神様は誠実でないと結論づけることもできました。

あるいは、私の目に映ることを神様が許容しておられるのなら、どのようにしてかはわからなくても、それは神様の大きな計画の一部として織り上げられているに違いなく、神様は誠実な方だと結論づけることもできました。

祈りはこう答えられるはずだと思っていたことと、あなたの目の前に広がる現実が似ても似つかないものかもしれないということを、私はよくわかっています。私の友達の娘さんが今、救急救命室にいます。ほかの友達は離婚がつい最近成立しました。不安が強すぎて、家から出られない友達もいます。

これらがどうやったら正しい、あるいは公平、あるいは良いということになりうるのか理解できません。悲しくなり、彼らの痛みで私の心も砕かれます。そして正直に言って私の疑いを助長します。信仰がこれによって強められ、霊的筋肉が大きく強くなり、私の深いところから確信に満ちた鬨《とき》の声をあげてこう叫べればいいのにと願います。「神様はあなたの娘さんを徹底的に完全に癒やしてくださると私は確信している！」「神様があなたの夫を愛人と別れさせ、今までよりももっと良い夫として家に帰してくださることに疑いの余地はない！」「あなたの不安の上にイエス様の御名を宣言し、不安が去り、あなたに平安と喜びが戻るように命じる！」こういうことを全部、神様がしてくださるのを見たこともあります。でもそれとは別に、意識が戻らないケースも、戻ってこない夫も、治らない病気もたくさん見てきました。

そして信仰に満ちた大胆な鬨の声を叫ぶ代わりに、私はベッドにうずくまり、見苦しく泣き叫ぶのです。

このような状況は、神様が動いてくださるのを待つ期間のように感じられます。神様が私たちを列に並ばせて、対応できる時が来るまでそこで待たせておくかのようです。カスタマーサービスに電話をかけて、やっと話せるようになるのを待つのも本当にいらいらする経験ですが、少なくとも彼らはあと何分待てばいいのか自動音声で教えてくれます。あと三十分で、二十分で、五分で、救助が来るのなら私は待ちます。でも神様を待つ場合、最初こそ神秘的に感じますが、物事が好転するどころか悪化していく時間が続く時、その時間は残酷に感じられます。

けれども神様は状況に気づかないでおられるのではありません。問題を神様に知っていただくために、電話に出てくださるのを待つ必要はありません。神様が何をしておられるのか私はわかりません。神様が動いていることをいつどのように私たちが見ることになるかもわかりません。わかっているのは、神様の沈黙が神様の不在の証しではないということです。私の不完全な認識力は、神様が約束を破られたという証拠にはならないのです。

私が嵐を見つめていたあの日、調子はどうかと尋ねられていたら、このような返事をしたでしょう。「神様がご自身の誠実さを表して、神様しかできないことをしてくださるのを必死に待ち望んでいます。正直に言って、私は待つのに疲れているし希望を持つのに辟易《へきえき》としていて、とてもつらいどっちつかずの場所にいます」

その疲弊の後ろに隠れていたのは喪失の悲しみで身動きが取れなくなっていた少女です。神様がどのようなお方か経験から知っているのに、痛みが主張することのほうを信じてしまっていました。私たちがもし、自分の深い痛みの井戸から結論をくみ上げようとするなら、今日の悲しみからしか飲むことができません。でももし、神様の明日への約束と過去の誠実さから力を頂くなら、神さまのいのちの水が、私たちの渇いて疲れた魂にいのちを行き渡らせるのです。

結論を今日の状況からくみ上げる代わりに、振り返って神様の過去の誠実さを少しでも思い出せるところからくみ上げてください。今日の悲しみがあまりに大きくて過去を思い出すのがつらいなら、神様がこの本を今日あなたの手に送ったこと自体が一筋の希望の証拠であることに目を留めてください。神様の約束へと向かう明日の希望をのぞき込むのが怖いなら、あなたに贈りたいことばがあります。「**復活**」です。あと数段落、おつき合いください。

ウェブスター辞書の定義だけが**希望**の唯一の定義ではありません。希望とは、将来の復活があることを私たちに保証してくれる、永遠の共鳴です。この世で、あるいは次の世で、神様は創造物をあるべき「すべて良い」姿に戻してくださると信じるのが信仰です。

私のカウンセラー、ジム・クレスはこう言いました。「希望とは未来のメロディー。信仰とはそのメロディーに合わせて今ダンスすること」

とても美しい文章だと思いませんか？　希望とは未来に起こるであろう良きことのメロディーだと私は心から信じます。信仰とはそのメロディーに合わせて今ダンスすることだと心から信じます。そして赦しこそ、不確定なことすべてのただ中にあったとしても、神様の鼓動のリズムに合わせてステップを踏む方法だと心から信じます。人生がどの方向に進んでいっていても、私たちが赦せば赦すほど、神様と歩調を合わせられるのです。

アートから離れて癒やされるのか、それとも夫婦関係の修復の希望に向かうべきなのか。人生がこれからどうなるのかわかるまでは赦せないと思っていたときは、このことがわかっていませんでした。いずれにせよ、赦しというのはいつでも正しい方向に向かう癒やしなのです。左を向くか右を向くかわからないとき、神を見上げるなら本当の希望を見つけられます。そのとき、私たちの赦しの結実は最も甘美であり、私たちの物語と神様の復活が同一線上にくるのです。

私のすべてが崩壊したあの年、私の教会はある曲を発表しました。私はその曲をよく口ずさみました。歌詞にはこうあります。「復活した王が私を復活させてくださる」。その歌詞がくれる確証が大好きでした。私の状況のテーマソングになってほしいと思いました。でも復活のいのちどころか、何もかもが死のように見えたとき、その歌を歌う私の声は自信に満ちた宣言ではなく、恐れと涙に満ちたささやきとなりました。

イエス様は、ご自身の弟子たちもこのようになってしまうと知っていたのだと思います。彼らの将来への希望は間もなく十字架に磔《はりつけ》にされ、墓に葬られてしまうのですから。私は自分の落胆のただ中にいるとき、イエス様が死の直前に弟子たちに語られたことばを読むのを忘れてしまいがちになります。それはとても力強いものです。

「まことに、まことに、あなたがたに言います。あなたがたは泣き、嘆き悲しむが、世は喜びます。あなたがたは悲しみます。しかし、あなたがたの悲しみは喜びに変わります。女は子を産むとき、苦しみます。自分の時が来たからです。しかし、子を産んでしまうと、一人の人が世に生まれた喜びのために、その激しい痛みをもう覚えていません。あなたがたも今は悲しんでいます。しかし、わたしは再びあなたがたに会います。そして、あなたがたの心は喜びに満たされます。その喜びをあなたがたから奪い去る者はありません」（ヨハネ一六・二〇～二二）

イエス様は、弟子たちの悲しみが取り去られて喜びが与えられる、とは約束されませんでした。悲しみが喜びに変わると約束されたのです。悲しみが喜びを生み出すのです。悲しみは旅路の一部ですが、最終地点ではありません。

弟子たちは、彼らをローマの支配から救う救い主を祈っていました。でも彼らに与えられたのは、彼らの足を洗うしもべでした。彼らが願っていたのは支配者でした。でも、与えられたのは教師でした。願っていたのは正義を求める王でした。でも、与えられたのは心優しい癒やし主でした。彼らの願いへの答えは、予想外のものばかりでした。イエス様が王座を奪う途上にあると彼らは思っていました。でも代わりにイエス様は十字架を取られたのです。

神様が救ってくださると彼らは思っていたのに。

そして神様は確かに救ってくださったのです。

弟子たちは深く悲しんでいました。……まったく驚くべき素晴らしい出来事に直面するまでは。

イエス様がおっしゃったとおりに、彼らの悲しみは喜びに変わりました。

チャールズ・スポルジョンは、イエス様の復活後の使徒たちの記述に関して素晴らしい点を指摘します。

「使徒たちの説教や書簡で、我らの主の死に関する悲嘆がまったく表されていないという点は明らかに素晴らしく、そして啓蒙的である。実際の十字架刑の間の彼らの悲痛は福音書に記されているが、復活の後、特にペンテコステ後には、私たちは悲嘆をまったく耳にしない[注3]」

そしてやがて起こった復活の物語に「赦し」が登場するのを見逃さないでください。記録されているイエス様の最後のことばの中に、「父よ、彼らをお赦しください。彼らは、自分が何をしているのかが分かっていないのです」(ルカ二三・三四)があります。イエス様の死が支払ってくださったのは、私たちが自分では支払うことが絶対にできない、罪の代価です。私たちの赦しは永遠に保証されました。イエス様の死が一度で完全に、新しいいのち、完全な贖い、そして永遠の保証を与えて、復活の約束へと私たちを導いたのです。

赦しの見返りは素晴らしいものです。私たちの状況がどうなろうとも、赦しを与えたり受け取ったりすることには価値があり、とても良いということを絶対に疑うべきではありません。

私たちが、自分が良いと思うことからしか物事を見てきていなかったとしたらどうでしょう。私たちの視点からは、私たちが神様に願っていることは完璧に道理にかなっています。私たちの頭は、私たちが提案するとおりに神様がしてくだされば確実に起こる、さまざまな素晴らしいことを思い描くことができます。

でももし、完璧に理論的で合理的であったとしても、私たちの願いが、私たちが思うようなものでなかったとしたらどうでしょうか？　そうです。地上の視点からは、完全に理にかなっています。でももし神様が、私たちが見ることができないことを見ておられるとしたら？　もし、私たちが願っていることが、神様の、完全で、永遠で、完璧な視点から見ることができたなら、私たちがまったく望まないようなことだったとしたら？

もし、今までの考え方が間違っていたとしたら？

ここまでが、私たちがこの章で向き合うべきことです。この質問をゆっくり考えてみてください。この質問を、あなたの心に留めてみてください。

赦すという決断があなたの人生で最良の決断になるかもしれないと信じる可能性の扉を閉ざさないために、この質問をドアストッパーにしてください。

もしそうだとしたら……？

第十一章　神を赦す

人に傷つけられるのはつらいことです。そして、自分を傷つけた出来事を神様が許容したと感じるのは、耐えがたいことです。私は自分の落胆を、「なぜ」、もしくは「どのように」という疑問として表明するかもしれませんが、涙にぬれた枕に頭を預ける時、その疑問は苦い思いへと変わることがあります。聖書研究会で手を挙げて、神様を赦すことに正直言って葛藤を覚えていると発言する勇気はありませんが、でも疑問を感じています。私は傷ついています。あなたもそうかもしれません。私はつい先週、そういう経験をしました。

つらいことがまた訪れる前に、神様は休憩時間を下さると私は信じ切っていました。

私の親族は大人数で、お互いの人生に深く関わっています。ですからいつも何かが起こっているというのは不思議ではありません。性格も、物事に対する対処法もばらばらな彼らを、私は大抵の場合受け入れることができます。でも先週、私がいつも以上の繊細さを持って反応せざるを得ないことが起こりました。彼らの何人かが新しい事業に投資したいと言い出して、私以外のみ

ながら同調したのです。

前述のように、私は自分の感情を理解するのに時間がかかります。明確な原因はわかりませんでしたが、この状況に関する私の不安はとても強いものでした。未来には大惨事が待っていると しか思えませんでした。命に関わることではありませんでしたが、私も喜んで一緒に投資すると彼らが決めつけているので、その話題になるたびに、個人的な脅威を感じました。

神様がこの状況を取り扱ってくださって、全部止めてくださると私はすっかり信頼していました。

祈りました。神様と親族に対し、とてもはっきりと自分の立場を申し立てました。この話はなくなると信じていました。

いちばん最初から、この投資は良い考えではないと私は思っていました。懸念を分かち合い、私も参与するには取り去られる必要のある、解決不可能な障害のリストさえ作りました。神様が止めてくださるか、あるいは問題の複雑さが議論の必要性を示すかのどちらかだと疑いませんでした。いずれにせよ、状況はうまくいくはずでした。

でも神様に閉じられるどころか、ドアは次々と全開になっていくようでした。奇跡的な介入が、私が願う方向と正反対に働いているようでした。止めてくださる代わりに、神さまが事を起こしているかのようでした。親族たちが日々喜べば喜ぶほど、私はどんどん自分の殻に閉じこもっていきました。私は一生懸命、状況の中に良いことを見ようとしました。親族たちは良い業績を持つ頭の良いビジネスマンなのだし、すべての恐れの感情が差し迫った破滅の兆候ではないのだと自分に思い出させようとしました。

でもどんなに頑張って対抗しようとしても、私は自分の頭の中の筋書きを打ち消すことができませんでした。**最悪の結果は起こり得るのよ。私たちの最近の人生がそれを明瞭に表さなかったかしら？　なぜあなたたちは私に耳を傾けないの？**

私はどうしようもないほど不安でした。そして障害物が一つ一つ取り去られていくにつれ、私はどんどん怒りを増し、不機嫌になり、やきもきしました。投資はもはや可能性ではなく、現実になろうとしていたのです。

彼らから完全に身を引きたいと思いました。でもそれだけではなく、神様と静かな時間を過ごす必要を感じました。私の目には混乱の可能性しか映っていませんでした。これらのことに、私が成熟した態度で対処したと言えたらどんなに良かったでしょう。物事を整理し、みなが同意できて誰にとっても良い結果を目指して、落ち着いた会話を求めたと言えたら。でも私の行動は違いました。

私はすねました。

推量の余地を残さないほどはっきりと自分の立場を表明しました。

私の意見は彼らにとってどうでもいいのだと感じました。

彼らに聞こえるように泣きました。いつもより大きな音を立てて、戸棚やドアを閉めました。

大失敗が訪れた時に、「だから言ったでしょ」と言えるシナリオをいくつも頭の中で描きながら、苦々しさが私の中で育っていきました。その時が来たら、私の正しさが示されたと強く感じるでしょう。

私はノートの前に座り、一言書きました。「**混乱**」

そしてそのとたん、ある文章が私の頭に浮かんだのです。「**この投資は、祈りの答えです**」。一体どういうことでしょう?!

目の前に広がっている現実が、私の祈りへの神様の答えであるはずがありませんでした。認めることを拒否しました。でも、聞かなかったことにはできません。

投資の話が出るたびに、同じ文章が響くのです。「**この投資は、祈りの答えです**」

一週間以上、この考えと向き合ってきました。

私はすっかり考え込んでしまいました。それは大部分においては良いことです。でも同時に、私がまだかなり敏感である分野――神様がしておられることを私が理解できないとき、神様が許容しておられることに私が同意できないときに、神様に信頼するという分野――をも、この考えは刺激します。自分の目で見ることができず、自分の頭では、何がどうなればこれが神様の祈りの答えになりうるのか理論化できません。でもそれこそが大事な点なのかもしれません。今こそ、神様への信頼を再構築する時なのかもしれないのです。

神様が間違いを犯して、私の信頼を裏切ったわけではありません。私が期待したことを神様がしてくださらなかったということです。もしくは神様を信頼するのを難しくさせるような、私が理解できないことを神様がなさったということです。他人を信頼できなくなると、自分の人生においてほかに誰が隠し事をしているのだろうと急に疑い始めるという不思議な現象が起こります。ほんの小さな不信感が、大きく育った深い猜疑心となって、神様との関係も含めたすべての関係にもれ出すのです。

私の癒やしの旅路において、前章の最後で提示した「自分の見方が間違っていたとしたら」という問いに向き合うべき時が来たのかもしれません。この問いを、自分の現実に適用すべき時なのかもしれません。

七日間私は祈ってきました。「神様、目の前に広がるものが、私の祈りへの答えだと思えるようにしてください」。正直に言って、この考え方に対して私の頭は抵抗の警報音を発し続けています。でも、神様がどのように私たちの必要を満たしてくださるかを聖書から学び、私がどうして目の前の事柄を間違って解釈してしまう可能性があるのかについて考えるとき、私の考え方は吹き飛びます。良い意味で吹き飛ぶのです。あなたと分かち合わずにはいられないほど、良い意味でです。

信頼関係の構築には円滑なコミュニケーションが一役買うのですから、神様を信頼するにあたって、より効果的な祈り方の役割は重要です。私は生まれてからほぼずっと祈ってきました。でも自分の生活を見回して、今日を、この瞬間を、この季節を、神様からの祈りの答えと見ようと考えたことはほとんどありませんでした。

祈りの課題を考えるとき私は、神様がこれからしてくださることを「望み」ます。「今日神様がすでにしてくださったこと」については考えません。

自分が今日、神様の祈りの答えに生きているということに気づかないのは、それが時に、いえいつも、私の予想と違うからです。神様の答えは、私が頭の中ではっきりイメージしたものと同じとは限りません。

そしてこのことが私の祈りの生活を複雑にするのです。すべてが未知で不確かに思えます。時に私は、祈りとは、切なるお願いではあるけれども、きっとかなわないものだと心の奥深くで思ってきました。噴水にコインを投げ入れる時のように、あるいは誕生日のろうそくを吹き消す前のお願いのように。祈り続けはするけれど、ほとんど期待しないのです。

あるいは、私の祈りは時に、インターネットショッピングの注文のようです。自分の願ったとおりのものが、すぐに届くことを求めます。祈りの答えが玄関口に即座に現れれば、私は神様をとても近くに感じるのです。私が望んだことをしてくださったのですから！　でも祈りがそのようなものだったら、それはあまりに人間的で予測可能です。祈りは注文になり、祈りの答えは製品のように安っぽくなり、そしてその送り主は遠くにいる、次の注文まで私が思いを向けることもしない存在になってしまいます。

祈りにおいて私は、神様に対する期待を過度に小さくし、自分に対する期待を過度に大きくすることがあります。無限の神様のお働きの大いなる方法を、私が考えついて祈ることができることにまで縮小してしまうのです。

これを変えたいと思っています。神様の前に私の必要、願い、どうしようもない切望を持って進み出て、神様が私にくださるものこそが私の日々の糧だと認識したいのです。そうです。神様から来るのではない混沌を、人々は作り出すでしょう。そうです。この世の堕落は私たちの現実を堕落させます。でもそのただ中に、神様の良い備えがあるのです！　それこそが、私が探し、そして見つめ続けるという選択をしなくてはいけないものです。

日々どのように祈ればよいかを教えるにあたり、イエス様は日々の糧を最初に求めるように教えられました。でも聖書の中で、パンはさまざまなかたちを取っているのではないでしょうか？それは時に実際のパンのようであり（レビ記二・四）、天からのマナであり（申命記八・三）、そして最高のかたちとして、キリストがご自身はいのちのパンであると宣言されました（ヨハネ六・三五）。

神の備えが目の前にあっても、それが願ったかたちでない場合、私たちは気づかないことがあります。コリント人への手紙第一は次のように指摘しています。「今、私たちは鏡に**ぼんやり映るもの**を見ていますが、そのときには顔と顔を合わせて見ることになります。今、私は一部分しか知りませんが、そのときには、私が完全に知られているのと同じように、私も完全に知ることになります」（一三・一二、強調は著者によるもの）。

私たちが神様の備えを願うとき、私たちの人生に何が欠けているかを見ることができるのは神様だけです。私たちは欠乏の痛みを覚え、その穴を埋めるために何が必要か自分でつい考えてしまいます。でも私たちの人生は、ぐちゃぐちゃのパズルピースのようです。私たちは一つずつピースを組み合わせています。そして物事をゆっくりつなげている間、全体像はまだ見えていません。ですから、自分の人生に何が欠けているかを知ることはできないのです。

神様はすべてをはっきりとご覧になります。神様が空白を見て確信を失ったり、恐れたり、脅威を感じたりすることは決してありません。私たちが自分の手で全部やろうとしないように、ピースが欠けた状態を許容されるのです。ここで神様の備えが必要になるのです。神様はいつも、欠けているピースのかたちを見て、ご自身の一部をお与えになります。それは実際のパンのようだったり、マナのようだったり、そして何よりもイエス様のようであったりするのです。

この三つはどれも、神様の完全な備えです。でも人間の目は往々にして実際のパンのかたちだけを良いと認め、ふさわしいと思うのです。なんと悲しいことでしょう。マナに囲まれていたり、キリストご自身が共にいてくださっていたとしても、目の前にパンがないと言って私たちは泣いているのかもしれません。

実際のパンが、私が神様に望む――もしくは当然のこととして要求すらする――ことかもしれません。そして、こうあるべきだと私が思うかたちでそれが与えられないとき、私は神様の愛に疑問を持ち、介入してくださらないことに恨みすら抱くかもしれません。神様の備えに、自分が期待するかたちであってほしいのです。でも三種類の備えの中で、実際のパンが奇跡からいちばん遠いかたちではないでしょうか。地からそれを得るために、私たちは働かなくてはいけません。作物を収穫し、加工し、焼く必要があります。全部自分たちの手で。でもだからこそ私は実際のパンのかたちが好きなのかもしれません。それを得るために自分が働くのですから、自分にコントロール権があるように感じるのです。

一方マナは、神様がわかりやすく与えてくださるものを象徴します。イスラエルの子らに天から降り注いだマナは、荒野での彼らの生活に対する神様からの完璧な栄養物でした。マナは実際のパンというよりは、種やフレークのような見た目でした。それは毎日、自然からではなく神様から直接与えられるもので、二百万人以上のイスラエルの民を、必要だった四十年間荒野で生かしました。これは奇跡的でした。でもマナですら、人間が果たさなければいけない役割がありました。彼らは幕屋から外へ出て、マナを集めなければいけなかったのです。自分の手で育てる必要はありませんでしたが、常に頼りにすることができました。そのコントロールと安定性が、私が神様を信頼しているような気分にさせるのです。実際には、神様が私の要求に応えてくださる分しか頼りにしていないのに。

パンの最高のかたちを忘れないでいましょう。それはいのちのパンであるイエス様ご自身です。私たちが働いて得る糧や、単に拾い集める糧ではありません。これは私たちのうちに住まわれるキリストにある糧で、私たちの魂まで深く養い支えます。イエス様こそが最も奇跡的な糧で、すでに今日与えられているのに、往々にして私たちは、それが自分たちの必要とするすべてだと気づかないのです。そしてイエス様は私たちがコントロールできないお方であり、また私たちの希望どおりに定期的に配達されることを強要できる糧でもないので、私たちは信頼するのに葛藤するのです。ああ……何の面白みもない文章ですね。でもこれは向き合うべき大切なことです。

今日私たちがイエス様を与えられているなら、私たちは祈りの答えと完璧な備えの中に生きています。私たちが実際の目で見る悲惨な状況からですら良いものをもたらしてくださる神様は、今この瞬間も私たちに代わって働いてくださっているのです。ヨハネの手紙第一・二章一節でイエス様は私たちをとりなしてくださる方と呼ばれています。これはイエス様が神様の右の座に着いて私たちのためにとりなしているという意味です（ローマ八・三四）。今この瞬間イエス様は父なる神様に、あなたのことを話してくださっていて、もしあなたがそれを聞くことができたなら、あなたは自分の目の前の状況を恐れることは二度となくなるでしょう。神様の愛を疑ったり、神様があなたにとって善いお方であることを疑ったりすることは二度となくなるでしょう。ですから、私たちは神様を赦す必要はないのです。私たちに必要なのは、神様を信頼することです。

でも、今あなたは思っているかもしれません。「見て、リサ。私の目の前の状況は悲惨で、神様をもっと信頼したいなんて思わない。それどころか神様を信頼するのをやめたいくらいよ！」気持ちはわかります。前章でお話しした、私の友人たちのことを思います。一人は入院中の娘のベッドの横に座り、心が砕かれるような話をお医者さんから聞いています。別の友人は今夜一人で眠ります。彼女の元夫はほかの誰かといるのです。またほかの友人は、まだ不安で心が麻痺しています。彼女たちがこう言うのを想像できます。「ただ娘を癒やしてほしいだけ。夫に帰ってきてほしいだけ。不安を取り去ってほしいだけ。私が願う、実際のパンのかたちで神様の糧がほしいだけ」

わかります。友よ、その気持ちがわかります。私も自分の状況について、そう思うこともあります。あの投資に関することだけでなく、もっと大きなことに関して。まだ私に涙を流させる、つらい事柄に対して。

でも今もし神様が、私たちが期待するかたちで糧を与えてくださっていないのなら、私たちが知らないことを神様がご存じだと、信頼しなければいけません。それを私たちはいつか見ることになるかもしれないし、永遠の御国に入るまで見ないかもしれません。でもそれを見るその日まで、神様が与えてくださっていることが真に良い糧なのだと、私たちは確信することができます。その良いことが、今日にとって良いという意味であれ、もっと大きな計画の一部として良いという意味であれ。目の前に広がる光景が混乱を引き起こすようなものであったとしても。目の前に広がる光景が予想外のものであったとしても。それが良いと思えないときでも。神様を信頼するのに、神様を理解する必要はないのです。

神様が何をしておられるのか理解できないとき私は、C・S・ルイスが書いた美しいたとえを好んで思い出します。私たちは、神様がリフォーム中の家のようだというのです。必要な作業はわかっていると私たちは思います。あちこちに小さな修繕が必要でしょう。ところが神様は壁を取り壊し始めるのです。私たちは混乱し、そこまで大がかりな再構築に伴う痛みを感じます。神様の計画は私たちの計画とずいぶん違うのかもしれません。「あなたは品のいい小じんまりした家にしてくれるものと思っていた。ところが、彼は宮殿を建てている――しかも彼はご自身そこにきて住もうとしておられるのである」注1

　私たちは小屋を見ます。神様は神殿を見ます。私たちは破壊を見ます。神様は建設を見ます。私たちは人間が想像できることしか見ることができません。でも、神様が建て上げようとしておられるのは、私たちが想像もできないものです。それは私たちが望んでいたものではありませんが、最善です。そして最終的には、神様が**何に対して**働いてくださっているかというよりも、**どのように私たちの内に**働いてくださっているかということが最も重要なのかもしれません。

　だから、**あなたが知っていること**を祈ってください。あなたが**必要とするように**祈ってください。あらゆることばを祈り、涙が嗚咽《おえつ》と要求と苛立ちと疑いになり、希望と混ざって流れるに任せてください。そして神様の誠実さを通して、目の前の現実を見てください。神様の誠実さによって、あなたの信頼を建て上げてください。神様の誠実さによって、混乱と苦々しさと当惑の痛みを軽減させてください。

　神様の誠実さは、神様があなたの願いどおりに祈りに答えてくださるか否かには左右されません。私たちの祈りが神様の誠実さとご計画に寄り添う時、私たちは神様がしてくださっていることにどんどん確信を持てるようになるのです。神様の動きと答えが、自分の予想に反している時でさえ。いえ、むしろそういう時にこそ。

この章に「神を赦す」というタイトルをつけましたが、それは神様が赦される必要があるからではありません。時々、深い痛みの中で、私たちの心が神様のせいにするという間違いを犯し始めるからです。緊急事態や、良いこと、正しいこと、きよいこと――例えば結婚生活を守ることや、愛する人の命を救うことや、悲惨な出来事を防ぐこと――について心を注いで神様にお願いしたと感じるのに、神様が願いどおりにしてくださらないとき、私たちは「神様が罪を犯した」とは言わないにしても、裏切られたと感じるかもしれません。落胆するかもしれません。神様は自分のことなどどうでもいいのではと疑い始めるかもしれません。

この世の悪が私たちの周りで猛威をふるって、凄惨な悲劇が私たちの心を砕く時、私たちが泣き、車のハンドルをこぶしで叩き、強いことばを叫び、永遠に続くように思えるそのすべての不公平に消耗し切ったように感じ、悲しみで満たされた自分の魂を悩ませる疑問と格闘するのはもっともなことです。

問題が起こるのは、私たちがそこから結論を導き出そうとする時です。なぜなら、私がずっと述べてきたように、私たちの視点は――特に私たちが悩みの中にいる間は――不完全だからです。

私たちは、すべてを今日見ることはできません。私たちの思いや道は不完全です。私たちが最高の状態にあるときでさえ神様の思いと道を理解できないのなら、最悪の状態にあるときに理解できるわけがありません。使徒パウロは、神の知識に逆らって立つ議論や意見を打ち倒すようにと、とてもはっきり教えました。

「私たちは肉にあって歩んではいても、肉に従って戦ってはいません。私たちの戦いの武器は肉のものではなく、神のために要塞を打ち倒す力があるものです。私たちは様々な議論と、神の知識に逆らって立つあらゆる高ぶりを打ち倒し、また、すべてのはかりごとを取り押さえて、キリストに服従させます」（Ⅱコリント一〇・三～五）

神様が善いお方だということに反する議論や意見が私たちの思いに入り込むとき、私たちの目に何が映っていようとも、私たちはそれらを受け入れません。私たちの内に破滅を引き起こす前に、それを打ち倒すのです。

これは、私が思っていたよりもずっと大事なことでした。あなたも心に留めてください。聖書のいちばん初めから、私たちの魂の敵は、神様に逆らって立つ議論を用いて私たちに神様を疑わせ、神様への信頼を蝕ませました。エバに対しては、善悪に対して目が開かれれば、神が知っていることを彼女が「知る」ようになるので神のようになる、という高慢な意見を用いました。

なんという嘘でしょうか。彼女は悪のない世界を知っていたのに、敵が彼女をだまして欲しがらせたのは「善悪の知識」でした。

創世記で、アダムとエバが禁断の実を食べたことによって起きたのは、世界に罪が招き入れられたということだけではありません。彼らは完全で永遠の視点を、不完全でこの世的な視点と交換してしまったのです。

このことを見逃さないでほしいのです。アダムとエバは罪を犯す前、永遠の視点を持っていました。神様の良いご計画と、疑いようのない善なるご性質を通してすべてを見ていたので、神様に対して完全な信頼を持っていたのです。でも善悪の知識の木から取って食べた時、彼らは永遠の視点をこの世的な視点と交換してしまいました。そして善悪の知識を得た時、混乱が始まりました。彼らが以前持っていた確信と平安は、未知への恐れに取って代わってしまったのです。

自分たちが裸であると気づきました。恥を感じました。自分自身を覆って隠れようとしました。そして彼らの罪の結果の一つは、エデンの園の完璧さを離れなければならないということでした。悲劇的なことに、創世記三章は彼らが園を離れることで終わり、そして四章では彼らの二人の息子のうちの一人がもう一人を殺してしまうのです。

なんとひどい取引だったのでしょうか。私たちがどうしようもなく欲しているもの――永遠の視点からすべてを見るという明瞭さ――を彼らは、私たちが今葛藤しているもの――この世での傷心による混乱――のために手放してしまいました。

私たちは善悪に目を開かれて生きています。敵は嘘つきです。この知識は人間の理解力向上の助けにはなりませんでした。罪は私たちに、この世で目に見えるものがすべてだと信じさせるだけです。

神様だけが、地上の世界と天の御国の両方を永遠の視点から見ることができます。ですから神様だけが、私たちが向き合うことの全体像を見ることがおできになるのです。

この世の私たちの観点からでは、すべてを完全に見ることはできません。物語の全体像を見ることはできません。癒やしの全体像も、復興の全体像も、贖いの全体像も見ることはできません。この世に存在する部分しか見ることができないのです。

神様が私の祈りに答えてくださらないと言っていたとき、私が意味していたのは、神様が私の願ったとおりにしてくださらないということでした。神様がすべてをご支配なさっているのは知っています。でも目の前の現実を理解できないとき、私は支配権を自分に取り戻そうとしたくなってしまうのです。私たちは信頼できないことをコントロールしたがります。人に引き起こされた心の傷を神様のせいにするという間違いを私は犯していました。私が祈っている事柄だけが、神様が私の人生にどれだけ介入してくださっているか、あるいは神様がどれだけ誠実なお方かを測るものさしであるなら、私が神様に落胆するのも不思議ではありません。

私が泣いて、なぜですかと問い、ひどく裏切られたと感じることがあるのも不思議ではありません。

時に人は、裏の動機と下心を持ちます。時に人は、嘘をつきます。時に人は、より大きな善を求めません。でも神様はそのようなお方ではありません。神様は善いお方です。神様だけが、私の目の前の現実のすべてから良いものを生み出すことのできるお方です。これらすべてのことにおいて神様を信頼するためにこそ、私の魂は創造されたのです。でも打ちのめされた私の心と、恐れやすい思いがそれに追いつくのには、少し時間がかかるようです。

これらの事実を、この章の最初にお話しした私の状況に当てはめてみました。すると目の前の現実を祈りの答えとして見ることとの必要性が少しずつ理解できるようになりました。この投資話自体が神様から来たとは思いません。そして絶対に、私の友人の娘さんの怪我や、別の友人の夫が去ったことや、別の友人の強い不安を神様が引き起こしたということではありません。神様はそんなことはしませんでした。でも神様はそれらをとてもよく把握しておられます。そして全体像をとてもよく見ておられ、どのようにしてか、それら全部を、良いものの一部に織り込む計画をお持ちなのです。

繰り返しますが、「信仰」の対義語は「疑い」ではありません。「信仰」の対義語は、「間違ったことに確信を持ちすぎること」です。アートとの経験を私が今はどう見ているかをお話しして、この章を閉じます。前章の出来事を覚えていますか。あの祈祷会。あの教会。神様が働いておられないという私の完全な確信。あれから時が流れて、明らかになっている全体像をもう少し見ることができるようになりました。

私が確信を持ちすぎていたのは、次のようなことです。

祈りの礼拝でアートが感情的な反応を見せなかったことで、神様が彼に働いておられないと私は確信しました。

こうあるべきというかたちでアートが私の感情に応答しなかった時、自分は彼にとってもうどうでもいい存在なのだと確信しました。

私の心を粉々にした決断にアートがどっぷりとひたっていた間、彼が完全に意気揚々と、お祭り騒ぎの人生を楽しんでいると私は確信していました。

私は多くのことについて間違った確信を持っていました。

神様は動いておられました。神様は働いておられました。アートは人生最高の時を過ごしてはいませんでした。今となっては、その期間は悪夢だったと彼は言います。神様は最善のわざを、見えないところでしておられました。そして、アートの応答次第で、神様は私を救出してくださるか、あるいは私たちの関係を修復してくださることになっていたのです。いずれにせよ、毎日が神様の祈りの答えでした。私は、自分が求めていたかたちのパンはほとんど得られませんでしたが、見ることのできない、ゆっくり働く奇跡の中を生きていたのです。

神様が赦される必要はないと今の私は知っています。

神様は私に対して悪を働かれたのではありません。

神様は罪を犯されませんでした。

最もつらい部分を見て、それが結末だと私が思ってしまっただけです。とても大切なものを見逃していました。今はそれを見ることができます。神様はこの世の視点から物事をご覧になりません。

失われたもの、損害、心の傷、そして痛みばかりを私は見ていました。自分がすべてを理解できないということ、また何が本当に最善で何がそうでないのかがわかっていないということが見えていなかったのです。その日々は悲惨でしたが、神様はいつも私と共にいてくださいました。神様は毎日私に糧を与えてくださっていました。神様は毎日共にいてくださいました。認識していようがいまいが、私は神様の祈りの答えの中に生きていたのです。

だから今日、目の前の現実を、私が確信する神様の真実を通して見ます。この現実は贈り物です。良いことに用いられうるのです。どのようにしてかもっと大きな物語の一部になるのです。そしてこの現実を神様が美しくもしてくださると信頼できるのです。ですから私がすべきことは、人生の美しさに目を向けるという決断をし続けることだけなのです。

第十二章　失うことによって得るもの

喪失は厳しい試練です。私たちの愛の源である心の最も深い場所へと押し入り、あまりの痛みでこの絶望をどう理解していいかわからなくさせます。思い出が、今まさに目の前で起こっているかのようにはっきりと再現され、過去がどんなに美しかったかを見せつけるのです。その回想は私たちを涙させます。過去の人生が美しいほど、それは残酷なのです。

喪失は本当に厳しい試練です。

今朝私は葬儀に参列しました。予想以上に感情的になりました。若い彼女の死は思いもよらないものでした。今でも、この悲しみを収めておくにはあまりに小さなこの胸の骨を押し破るかのように、私の心は大きく広がり痛みます。美しい、活発な、喜びに満ちた彼女の心臓がなぜ急に鼓動を止めてしまったのでしょう。二度と彼女と話せないなんて、どういうことでしょう。

誰かが亡くなるたび、私はとても悲しくなります。生と死が隣り合わせなのはわかっています。でも直視することを強いられるまで、私はそれを否定して生きているかのようです。そして亡く

なった人をよく知っていたかどうかにかかわらず、私たちは喪失の性質に衝撃を受けるのです。亡くなった人と個人的に親しくなかったとしても、深い悲しみのきよい性質は、私たちの人生に影響を及ぼします。その人たちをよく知らなかったとしても私たちが深く悲しむのは、人の痛みというものをよく知っているからです。

そしてその共通性を通して、私たちは、壊滅的な悲しみを経験している人たちに寄り添えるのです。亡くなった人と親しかった人たちが流す涙は、私たちの感情の中にも滴《したた》ってくるようです。訃報を聞き、悲しみ、彼らの人生を偲ぶだけで、私たちはすぐに一つになります。急に故人が恋しくなります。何かが欠けているという感覚を私たちは知っているからです。

でも、愛する誰かが亡くなったからではなく、彼らが私たちを拒絶するという選択をしたがゆえの悲しみだったらどうでしょう。もう私たちを愛したくないと言って彼らが荷物をまとめて出ていってしまうとき、その喪失は耐え難いのです。彼らの不在を悲しむだけではありません。彼らが、自分の選択が私たちにどんな影響を及ぼすかをまったく気にしていないということをも悲しむのです。

喪失とは、どのようなものであれ、つらいものです。私たちはみな、喪失の痛みに共感できます。

かつて抱き締め、支え、自分の一部をささげた人を失うという経験を、誰もが持っています。そして彼らが立ち去ったのであれ、引っ越したのであれ、疎遠になったのであれ、あなたを押しのけたのであれ、消え去ったのであれ、もしくは亡くなったのであれ、彼らがいないということは、幻影のようなものを生み出します。習慣的に手を伸ばしても、もうそこに彼らはいません。電話をかけてもつながりません。彼らが写っている写真を指でなぞっても、温もりを感じることはできないのです。

内輪のジョークや、夜ふかしして語り合ったことや、けんかや、車で乗り合わせて通勤したことや、野外で一緒に料理したことや、意見の相違や、ほかの何百もの、日々の「一緒」はすべて失われます。私たちはお互いの人生の一部でした。でも今はもう違うのです。

これが喪失です。

喪失は頭をおかしくさせます。私たちを縮み上がらせます。私たちの存在を小さくします。

喪失は、赦しとどんな関係があるというのでしょう。

でも、悲しみの初期に喪失にひたることは、苦々しさへの良い治療薬になりえます。

この文章を読み流さないでください。あなたの頭はことばを置き換えて、こう理解してしまうかもしれません。「悲しみの初期に喪失にひたることは、苦々しさの根源になりえます」。それも事実ですが、暗い洞窟から出る道は、入り込んでしまったまさにその道である可能性があるということを覚えていてください。

もう少しおつき合いください。喪失によって苦々しさが生まれたなら、喪失にもう一度向き合うことが癒やしへの道になりえるのです。

まず、当たり前のことを言わせてください。これは奇妙に思えることです。喪失と、その結果としての悲しみは、往々にして苦々しさの原因となるからです。それは私もよく理解しています。他人の愚かさ、自己中心、意地悪、もしくは責任感の欠如によって個人的な喪失を体験するとき、悲しみは即座に、あなたがまさかと思うほどの強い苦々しさを呼び込みます。しかも苦々しさは、迎え入れられた客人にとどまらず、あなたの許可なしに、心に空いた穴に住み着くのです。その時は、あなたはそれに気づいたり、それが苦々しさだと認識したりしないかもしれません。苦々しい感情は、初めは正当化できるものであり、そして奇妙にも役に立つようにさえ感じられるのです。悲しみは私たちを徐々に麻痺させますが、苦々しさは少なくとも私たちに何かを感じさせてくれるからです。

でも時が経つと、苦々しさは何かしらの感情を引き起こすだけのものではなくなります。あなたの唯一の感情になろうとします。苦々しさはあなたと同居したいと思っていません。あなたのすべてを完全に乗っ取ろうとするのです。

苦々しさに関する大切なもう一つのポイント——おそらく最も大切なポイント——は、あなたに、それを苦々しさと認識させないということです。苦々しさが否定できないほどあらわになり、私たちがその存在の影に気づいて告白するという稀《まれ》なケースでも、私たちはそれを広い意味での怒りと同化させます。そして「私の苦々しい思いを赦してください」と素早く祈り、素早く日常に戻っていくかもしれません。でも苦々しさは素早く解決されはしないのです。素早く生まれたものではないのですから。それは認識され、開かれ、探求され、そして正直に振り返られる必要があります。

苦々しさが自分の内のどこにあるか、長い時間をかけてよく考えるとき初めて、あなたは自分がその苦々しさに向き合う必要があると気づくのです。だからここから始めましょう。苦々しい思いがどこで漏れ出し、あなたと、あなたが交わるすべての人たちから人生を奪っているか、じっくり考えてみましょう。

苦々しさは、痛みのもともとの原因に結びつけるのが難しい、他の無秩序な感情のふりをします。

これが日常生活の中でどのように姿を現すかをリストにしてみました。隠れた苦々しさの兆候を挙げていますが、これらはあなたを指差して、やわらかい心を責めるためのものではないと知ってください。「私はまた間違ってたのね。つらい経験からまた影響を受けてる。私の不充分さの証拠がまた一つ」というような、心をくじくことばから自分自身を守ってください。忘れないでください。私たちが取り組んでいるのは良いことです。私たちは、健全で、自己認識を持ち、正直であり続けようとしているのです。受けた傷を、自分で倍増させてしまわないようにしたいのです。

それを踏まえたうえで、次のいずれかが、今の私たちの考え方や話し方の一部になっていないか考えてみましょう。

・軽蔑的な憶測
・鋭い、切りつけるような発言
・自分自身の内で重くなり続ける恨み
・自分を傷つけた人に苦しんでほしいという願い
・他者の幸せという不公平に対する不安
・大多数の人は信用できないという疑い
・世界全体に対する皮肉的な態度
・自分は他者よりも現実的なだけだという仮面で隠されたネガティブさ
・あなたから見て、あまりにも早く前進している人たちに対する憤り
・対処が寛大すぎる神様に対する苛立ち
・時間が経つにつれて激しくなる、状況すべての不公平さに対する煮えくり返るような怒り
・起こった出来事を、取りつかれたように何度も何度も心の中で再生すること
・問題点を示すための受動的攻撃性のある発言
・自分の痛みのほうがひどいと表すために、他者の悲しみや心の傷を軽んじること
・間違った態度を取っているとわかっていても、自分はあんなにも傷つけられたのだからと正当化すること

・そこまでの反応をするほどのことをされたわけでもないのに、キレたり爆発したりすること
・以前は楽しんでいた物事から、不自然なほど身を引くこと
・再び傷つけられることを恐れて、何も悪くない人々とも関係を切ること
・最悪の事態が起こるという根拠のない予想
・非現実的な期待を押しつけること
・自分を傷つけた人に対して、自分が実際に何で悩んでいるか伝えるのを拒否すること
・自分と同じ考えを持たない人たちを遠ざけること
・誰かと集まったり語り合ったりする機会を避けること
・違う視点について考えるのを拒絶すること
・自分の頭の中で、自分を傷つけた人を何度も責め、恥をかかせること
・共に問題に向き合ってもらったり、悩みを聞いてもらったりするふりをして周りの人を密かに自分の側につけること

繰り返しますが、あなたを非難したり、罪悪感を持たせたりしたいという願いは私の中にまったくありません。まったくです。私はこのリストにまつわる自分の感情と向き合うので手いっぱいです。そしてこれら全部が、苦々しさによって引き起こされたという完全な証拠はありません。

私があなたを攻撃することも、あなたにスポットライトを当てることもなく伝えようとしているのは、あなたの人生における喪失や虚無に苦々しさが入り込んでいる可能性を考えてみてほしいということです。あなたも、苦々しさを根としながらほかのかたちを取っている問題のリストを作ることができるかもしれません。

私たちは、自分が認識していないことに向き合うことはできません。

過去に否認してきた事柄が、今になって急に露呈するのは快くないと、あなたも私も知っています。ですから、自分がさらけ出されたという感覚を和らげる手助けをさせてください。奇妙に聞こえるかもしれませんが、苦々しさの別の面をお見せして、誤解を正したいと思います。これは苦々しさが実際にはどういうものかという、私の観察結果です。

・苦々しさの根底にあるのは憎悪ではなく、痛みである。

この観察結果は苦々しさを正当化するためのものではなく、むしろ私たちが自己防衛的にならないように助けてくれるものです。苦々しい感情が生み出されるときというのは大抵、深く、不当に、人生をひどく変えてしまうようなやり方で受けた傷の複雑性と結びついています。ですから赦しが適切だなどと考えることは、ほぼ不可能です。甘い復讐のみが、この苦々しい事態を改善する唯一の方法のように思えてしまうのです。そして私たちにとって合法的な復讐とは、恨むことだけなのです。もし誰かが自分の行動の結果を外的には支払うつもりがなくても、私たちは苦々しい思いを心に抱くことによって、少なくとも内的に、彼らにそれを支払わせることができるのです。

・苦々しさは、固い心ではなくやわらかい心を持つ人々に深く根ざす。

苦々しい思いを持っている人たちは、冷淡なわけではありません。彼らは、脅《おびや》かされたのです。彼らは信頼すべき人を信頼した、優しい人たちです。そしてその信頼の贈り物が踏みにじられ粉々にされた時、ばかを見たと感じてしまったのです。砕かれた信頼の破片が、彼らの心の奥を傷つけます。他者への抵抗は、また傷つけられることへの純粋な恐れです。他人を気にかけなくなれば、また信頼を裏切られるほど誰かと親しくなることを恐れる必要がなくなります。心を固くするということは、彼らの本来の性質とは逆ですが、彼らが知っている、自分を守る唯一の方法なのです。苦々しい投影の背景には、自己防衛という動機が隠れていることがよくあります。

・苦々しさは、人間関係に希望がないということのしるしではない。

苦々しさを持った心というのは大抵の場合、深く愛する能力を持つ偉大な心です。でも深く愛する時、深く傷つけられるリスクを負います。そして深い傷を受けるとき、自由に走り回っていた愛は檻に入れられてしまいます。愛は檻の中で苦々しく泣くのです。

苦々しい思いがあるということと、悪い人間であるということは同義語ではありません。苦々しさというのは往々にして、良いことへの偉大な可能性のある人が、喪失によってもたらされた心の空虚さを自然な感情で埋めたというだけのことです。でもその感情は、悲しみの期間の助けになりません。

これらのことを念頭におけば、少し前に私が言ったことがもっとよく理解できるかもしれません。喪失によって苦々しさが生まれたのなら、悲しみにもう一度向き合うことが癒やしへの道になりえるのです。

今朝の葬儀を思い出します。それは私の心をやわらかくしました。さまざまなことを再考できるくらいやわらかくしました。失敗するかもしれないという思いを持たずに大きく前進できるかもしれないほど、オープンにしました。私の心が少しバランスを崩してしまったという確信は、私を粉々にはしませんでした。その必要がありませんでした。私はただ悲しみに自分自身を開きました。喪失の重みにもう一度身をゆだねました。自分の状況の不公平さの後ろに隠れていた私は、身をひそめるのをやめて、生々しい喪失による涙で、自分の固い心が潤されるのを感じました。この軟化は私にとって良いことでした。固い心はあまりにも壊れやすいのです。やわらかい心は簡単には壊れません。

悲しみの根源から離れれば離れるほど私たちの心は固くなります。向き合われていない傷と痛みは、乾き切った土壌のように固くなるのです。それを新鮮にやわらかくする唯一の方法は、涙をもう一度静かに、好きなだけ、自由に流れさせることです。

固くなって耕すのが難しい土壌を、きれいな植物を育てられるように整えるにはどうすればよいのか私は最近学びました。まず、土を一センチの深さまでしめらせるほどの少量の水から始めます。水びたしにはしません。土に水をゆっくりと吸収させます。そして二～三日放置し、水が深く行き渡るようにします。その後、二十センチほど掘り起こし、中の土を露出させます。そして土をかいてならし、水を細くかけてやわらかくします。その後、堆肥――かつては生きていたけれど今は分解された有機物――を加えます。廃棄物になりえたものが肥料になるのです。私は地上の園芸家ではありません。でもこれは、自分の心の固い部分に向き合いたいという私の願いにぴったり適用できそうです。

これは霊的な意味で、固くなってしまった苦々しさを肥沃な土地に変える方法に通じます。苦々しさを、叩いて追い出すことはできません。指摘したり、つついたり、嘆願したり、怒らせたりして押し出すこともできません。固さをなくす方法は、やわらかくすることです。やわらかくすることによって固い土壌が砕かれたら、今度はさまざまな視点を混ぜ込むのです。視点が最高の肥料です。私たちの経験が、やわらかくされた心の土壌を肥沃にして、新しいいのちが成長する可能性を広げるなら、それは捨てるべきものではありません。

良い農家は、固い土が一度ではやわらかくならないことを知っています。季節ごとに、硬い土壌はやわらかくされ、耕される必要があります。私たちの心も同じです。向き合われないままでいるなら、私たちの心は常に踏まれ、踏み荒らされ、もう一度踏み固められてしまう可能性があります。だから私たちは人生の中で定期的に心をやわらかく耕す必要があることを意識していなければなりません。

そして私たちをやわらかくし、耕すことを神様がお許しになるとき、それは私たちのためなのだと覚えておく必要があります。農家がそうするのが土のためであるように。何が人間の心にとって良いことなのかを神様がご存じのように、農家も土にとって何が良いことなのかを知っています。神様も農家も、新しい生命、新しい実、そして新しく美しい始まりの可能性を見ているのです。

葬儀に参列していた時、すべての悲しみに身をゆだねる必要のある瞬間がありました。私は泣きました。彼女のことをよく知っていたからではなく、ここ数年、彼女のことをあまり知らなかったからです。人生に対する意見の相違のために、距離を置いていました。ただ境界線を引いたのではありません。努力をやめてしまっていました。あまりに早くあきらめてしまいました。葬儀というのは、大切なことや親切なことばを言わないままにしておくべきではないことを思い出させてくれます。

葬儀の場で急に、不適切なほどに押しつけがましいストーカーになるべきだと言っているのではありません。そんなことではまったくありません。他者の聖なる悲しみの時間に無理やり押し入るべきではありません。でも私たちは、他者の痛みに気づけるくらいオープンでい続けることができます。葬儀をするのに、祭壇の前に棺を置かなくてもいいのです。意味深い悲しみの瞬間は、毎日私たちの周りで起こっています。

自分が向き合っていたり、経験したりしている、つらいことを分かち合ってくれた人に対して「とても残念です。祈っていますね」としか言えない多くの状況を考えてみてください。祈りは良いものですが、沈黙を埋めるためにただ「祈る」と言うのと、実際に祈ることは別物です。

ですから、このように言うのがもっと適切かもしれません。「あなたが経験しているのはつらいことで、私の心もあなたと共に悲しみます。あなたの痛みを完全にはわからないけれど、痛みがあるということはわかります。ですから、あなたを思いやるしるしとして、今日あなたの痛みを胸に抱いて過ごし、あなたのために祈りながら、そこから何かを学びます」

そして実際にそうするのです。痛みに耳を傾けるのです。

苦々しさというのは、対処されなかった痛みという面があります。ですから、他者の悲しみのプロセスを目の当たりにすることで、私たちが自分自身の喪失のプロセスにもう一度向き合えるというのは理にかなっています。

ユダヤの文化には、愛する人を失ったときの対処法があります。喪失の対処法を知っているというのは大きな助けです。私はその仕組みを学び、ユダヤ人の友達と話をし、そこから得た示唆をまとめました。

彼女が教えてくれた、最も興味深いことの一つはこうです。古代ユダヤ教で、人々は寺院に入るのに、階段の右側を登って入っていきました。でも家族の誰かを失った場合は丸々一年間、人々が出てくる左側から入るのです。それにより周囲は、その人が喪の期間を過ごしていると知ります。これは興味深いだけでなく非常に役立つことだと思います。周囲の人々は彼らに、慰め、親切、そして彼らが向き合っている悲しみに対する配慮を持って挨拶するでしょう。

私たちには、このようなはっきりとした悲しみの表示方法はありませんが、誰かの人生のどこかに喪失があるかどうかをはっきりと知る指標があります。それは、彼らが生きているということです。

私たちは会う人すべてを、左側のドアから入ってくる人のように扱うべきです。彼らの心臓が脈を打っている以上、彼らは何らかの喪失を心に抱いているのですから。ですから、親切でありましょう。彼らの喪失体験を尊重しましょう。そうすることにより私たちは、自分自身が心を固くしがちだということにさらに気づき、心をやわらかくすることができるようになるのです。

これは、我慢すべきでないことを我慢したり、虐待を許容したり、他者の混乱した選択をイネーブリングするという意味ではありません。彼らに「悪い、ひどい、もしくは毒のような人々だ」とレッテルを貼る代わりに、私たちはこう言うことができるのです。「彼らは喪失に苦しんでいる。そしてその心の穴を不親切で埋めてしまったのかもしれない。神様、彼らの痛みを私が増すことのないように、もしくは彼らのようになってしまわないように助けてください。むしろこれらのことを通して私に教えてください」

　今日も行われている、ユダヤのもう一つの喪の伝統は「シヴァ」[注1]です。最も近い関係の親族——伴侶、子ども、親、兄弟——を亡くしたときに行います。埋葬から七日間、親族と友人は、悲しむ人々の家を訪れてシヴァを共にするのです。彼らは食べ物と、慰めと、会話と、思い出を持ち寄ります。シヴァは深い悲しみの中にある人たちに、自分の悲しみについて話したり、日常の厳しい生活を一時離れて友人や家族に世話されたり、つき添われたりするスペースを与えるのです。

　シヴァの期間を過ごしているとき、セキュリティーシステムは解除され、家には人々が自由に出入りします。人が来ることをあなたは疑いもしません。葬儀に参列することとシヴァの期間を過ごすことは、六百十三個あるユダヤの命令あるいは良い行いのうち、最も大切なことの一つです。そのためになら彼らは時間をいつでも作ります。それは見返りを求めない、あわれみの行為です。

　つまり、喪失は常につき添われ、深い悲しみは常に認識されるべきものなのです。そしてそれは別々に行われることではありません。喪失に共に向き合うことを通して癒やされます。入ってきた道が、出口へ続く道なのです。

　映画の登場人物に感情移入して涙を流せるのなら、喪失に苦しむ現実の友人や知人のためには、どれだけそうあるべきでしょうか。

忘れないでください。あなたの心の土壌をやわらかくするために、愛する人の死ほど大きな喪失がいつも必要なわけではありません。

私は大小の喪失の中を歩んでいる友人たちのことを今日思い浮かべます。その大きさにかかわらず、喪失に伴う悲しみは現実です。それは向き合う価値があります。そしてその悲しみが、私自身の心のうちにある固い部分をやわらかくしてくれるのです。

あなたに質問をさせてください。本当はこの章の初めにするべき質問だったかもしれません。でも、旅の同伴者と共に時間を過ごすことを重要視するなら、回り道が最良の道なこともあります。そして、友よ、私はあなたと、あなたの傷をとても重要視しています。共にこの問題と向き合う中で、私のことばが今日あなたとシヴァを過ごせますように。この章で、最後に向き合う質問はこれです。

苦々しさとは何でしょう。

それは感情でしょうか。

固い土壌のような固い心でしょうか。

向き合われていない深い悲しみの証拠でしょうか。

自分が傷ついているから出てしまう、人を傷つけることばでしょうか。

つい出てしまう、自分がいちばん望まない態度でしょうか。

これらを全部組み合わせたもの、もしくはそれ以上かもしれません。次の章で、苦々しさにどう対処すべきかをさらに詳しく話します。でもここでは、苦々しさのもう一つの可能性をあなたに示したいのです。苦々しさが、まだ植えられていない、美しい可能性を持つ種だったら？　その種が植えられるのが、赦しという豊かな土壌だとしたら？

もしそうだったらどうでしょうか。

その思いを胸に、さまざまなことと向き合うことを私は選びます。喪失の痛み。可能性の美しさ。自分の痛みで周りの人を傷つけた罪悪感。あわれみ深い救い主の赦し。不当に傷つけられたという明らかな自覚。人を恨むことは何も解決せず、平和ももたらさなかったと認める正直さ。やわらかさをどのように自分の人生に再び迎え入れるかと熟考すること。

シヴァへの招き。

常に挑戦の邪魔をする懐疑心。

さらなる癒やしへの期待。

喪失の中にすら――いえむしろ、喪失があるからこそ――この世界には見るべき美しさがもっとあるという深められた認識。

第十三章　苦々しい思いは嘘の約束をする

それはお誕生日をお祝いするカードでした。

そういうお祝いをするのは良いことです。「あなたのことが大好き。私の心と頭の中の隅々から、あなたへの気持ちを取り出せる機会が大好き。気持ちを私の心の中でじっとさせておくのではなくて、手紙に書いて、話して、ことばにすることによって、あなたの心の中でダンスさせるわ」という行為です。

素敵な交流です。大抵の場合、お祝いのカードはこのように私たちを深く結びつけます。でもこの時は違いました。カードを書くこともお祝いをすることも、義務のように感じました。強制されているように感じました。難しい選択でした。相手はもう私の人生から去ってしまっていたのですから。その人に攻撃されたわけではありません。でも私がその人を最も必要としていた時に、不思議といなくなってしまったのです。そしてほかの人たちもそうするように誘導したのです。そのことのほうがさらにつらい仕打ちでした。

ですから、心の深い場所で私は決めていました。この人はもう私の心にも、カレンダーにも、季節ごとにカードを送る人たちのリストにも、居場所はないと。

でも今回は例外にしました。自分でもなぜだかわかりませんでしたが、私は心にスペースを作りました。

それは素敵なカードで、送るのに普通よりも送料がかかりました。アートと私は、夕食に出かける前にそれを買い、パルメザンチーズのすりおろしがかかったルッコラを食べながら、そのカードに何を書くか二人で決めました。親切で真実な気持ちが伝わるにはどうことばを紡げばいいか相談しました。封をする前に私たちはそれぞれ、その友人に対する喪失感を思い起こしながらそのカードを見つめました。

私が「いいわ」と言うかのようにアートを見ると、アートは封筒を閉じました。私は切手を貼りました。追加の切手を、一枚のみならず二枚も。「通常よりも送料がかかる」と注意書きのあるカードの正確な送料はわかりませんでしたが、これで充分でしょう。「**ワオ、私ってすごい。私のほうが大人だわ。順調に癒やされてる**」と思ったのを覚えています（あなたと同じくらい、私も今自分自身にあきれています）。

相手からは何年も連絡がきていなかったけれど、アートと私は改めて、このカードを送るのは正しいことだと確認し合いました。そして夕食のあと郵便局に行き、青いポストにその青いカードを入れました。それで終わりです。

私は、**これは良い、正しいことだったわ**と思っていました。一時間くらいは。

ところが、不愉快なEメールが届きました。カードを送った相手とはまったく関係のないことです。私が支払った代金に見合うだけの仕事がなされず、そのうえ、失敗を修復するのにかかる時間の分も代金を請求されたのです。しかも彼らは、自分たちの失敗修復の必要性に対して皮肉っぽい態度で、まるで私のせいだとでも言いたげでした。

普通であれば簡単な電話一本で済むことでした。目下の問題に関する実際的な協議になるはずでした。でも、そうなる代わりに、私の中の理性が麻痺してしまいました。不当に扱われたと感じました。利用されたと感じ、この状況にそぐわないほど必要以上に怒ってしまったのです。感謝なことに、その瞬間には返信しませんでした。

でも残念なことに、「不当に扱われた」という感覚は、磁石のように、未処理の同じような感情を呼び集めました。それらは私の心と思いを駆け巡り、互いを見つけ、集まり、暴徒化した群衆のように影響力を増したのです。

私がカードを送った相手とこの請求者の間には何の関係もなかったにもかかわらず、私の感情は二つの出来事を一つにしました。

それらのことと、まだ対処中だった夫婦関係の痛みとを関連づけないようにと私は努力しましたが、すべてかき立てられて一つになりました。人生は突如として、完全に制御不能に感じられました。全世界が私に対抗していて、痛みが去ることは永遠にないように思えました。

これら全部を一つに結びつけて、感情の渦に引き込まれたくありませんでした。客観的に物事を見ようと努めました。でも冷静でいるための戦いに負けてしまいそうでした。

正されることはないと私たちが結論づけた不正は、ひっそりと私たちの心に座り込み、密かに怒りを燃やします。そして私たちが再び不当な扱いを受けるとき、満を持してついに叫び声をあげるのです。

私は感情が激しく込み上げてくるのを感じました。悪い反応をしてしまうと悟りました。認めたくありませんでしたが、苦い思いが私の内で煮えくり返っていたのです。

未解決の過去の痛みというレンズを通して私たちは反応してしまいます。苦々しいレンズを通すと、苦々しい反応をしてしまうのです。

日々遭遇する一つ一つの出来事を私たちはコントロールできません。自分の反応はコントロールできると知っていても、深い痛みが呼び起こされるとき、私たちの反応が、霊的に成熟した冷静さよりも、過去の痛みに対する条件反射になってしまうのは自然なことです。そうでしょう?!

私のカウンセラー、ジム・クレスはよく言います。「私たちの反応が必要以上にヒステリーなら、それはヒストリーに起因する」。自分の人生の中で特筆すべきことが苦々しさと恨みであるなら、私たちは自分自身を制御するのが不可能だと感じます。

恨みは大抵、ある特定の出来事に関して特定の人に向けられるものです。**苦々しさ**は大抵、私たちが持つすべての恨みの集合体です。あなたがこの二つのことばをどう定義するにせよ、それらは同じ問題の一部です。

苦々しさというのは、恨んでいる相手や、彼らが引き起こした痛みに貼る、ただのレッテルではありません。それはまるで、私たちのすべての部分にしみ渡って触れるものを腐食させる液体酸のようです。癒やされていない部分にしみ込むだけでなく、癒やされていたり健康であったりする部分すら蝕むのです。苦々しさはすべてに影響を及ぼします。一つの事柄に対する苦々しさが、私たちの中にある、ほかの事柄に対する隠れた苦々しさをも見つけるのです。それは常に私たちの反応を強め、視点を歪ませ、そして私たちを平安からどんどん遠ざけます。

無関係のEメールを受け取った時、私がカードを送った相手が部屋の中に立っていたわけではありません。でもその人が私に与えた痛みはありありとそこに存在して、私の感情を徐々に悪化させ、メールを理論的に処理する私の能力を鈍らせました。苦々しさのレンズが、私をさらに苦くさせるのです。

私は赦すという段階を飛ばして、正しいことをしようと頑張っていました。

でも、私を傷つけた人を赦さないでいるということは、現在のあらゆる状況にその痛みを持ち込むことに同意しているのと同じでした。私を何度も何度も傷つけました。傷を握り締めることによって痛みが弱まることはありませんでした。むしろ痛みは増加しました。そしてそれは私を、私がなりたくないような人間にしました。ですから、赦さないまま正しいことをしようとしたことは、何かを正すどころか、すべてを――私を、彼らを、状況すべてを――もっと間違った方向に進めてしまったのです。

私たちが癒やされることと、神様が善いお方だと世に明らかにされることが苦々しさによって妨げられるのは、私たちの魂の敵が喜ぶことです。

苦々しい思いを持っている人を見て、**「あの人の人生にある神様の希望をもっと知りたいわ」**と思ったことはありません。私は辛辣《しんらつ》になろうとしているのではありません。自分のうちにある苦い部分で実際に何が起こっているのか、正直に理解したいのです。そして苦々しさがどれほど有害か、認識を増したいのです。

すべての苦々しさには腐食性があります。平安を蝕みます。しかし私たちの多くは、寄せては返す波のように訪れる人生の重苦しさや居心地の悪さが、赦さないでいることの証拠だということに気づきません。

私は、過去の傷と、現在の自分の強い反応を結びつけていませんでした。

自分の感情を理解できていませんでした。

あのメール。

私たちがカードを送ったあの人。

あの人に誘導されて、痛みを引き起こす状況を一層ひどくしたあの人たち。

こんなにひどい痛みを引き起こした誰一人として責任を問われなかったという事実。

赦そうと頑張っていたけれども、明らかに赦していなかった自分。

アートが私をかばってくれて、あの人たちに自分の間違いを認めさせてくれる瞬間を密かに待ち望んでいたということ。

これで全部ではありません。でもほかに何があるのかわかりませんでした。わかっていたのは、その時その場所ですべてを吐き出さなければいけないということでした。

これが、感情的痛みの不都合な点です。私たちの予定を尊重してくれません。引き金のタイミングは決められません。ですから私たちは、自分の反応を制御することができないと信じるようになるのです。

でも私はその瞬間に、感情を爆発させたくありませんでした。アートと私は夕食の後、夕日を見たり映画を見たりして、一緒に楽しく過ごす予定でした。なのに、どうして私は突然その夜の何もかもを台なしにしようとしていたのでしょう？　私はそれを望んでいませんでしたが、でもそれと同時に、それが私の唯一の望みでもありました。

私の頭がどれだけ理論的になろうとしても、私の感情は正義を追い求めて行進するかのように突き進み、立ちふさがるすべてを押しのけていきました。

検察官が、確実な証拠が山積みになったテーブルをドンドンと叩きながら論告求刑するように、私はアートに強く主張しました。「この人たちが私に引き起こした痛みをあなたがわかってくれてるって知りたいの。あの人たちの選択は間違っていて、有害で、すごく自己中心的だった。自分たちがどれだけ間違ってるか、彼らがわかっているかどうかすら私にはわからない。私は癒やされてきてると思っていたのに、全然違う。混乱して、またひどく傷ついている。何年も前に傷つけられたことに怒ってるんじゃないの。あの人たちのせいで私は今もまた新たに傷ついてる。そのせいで『癒やされてない』みたいに感じて、危険にさらされているみたいで、苛立ってる。あなたにかばってもらいたい。どうにかしてよ‼」

アートは聞いていました。そして静かに尋ねました。「リサ、きみは、神様が自分をかばってくれているという証拠がないから怒っているの？」

そのとおりでした。

その瞬間、すべてが完全にはっきりしました。質問として投げかけられたそのことばは、私の混乱を超えていました。答えと正義と公平さを求める私の独善的な要求を超えていました。

これは神様に関することだったの？

アートにその質問をされたことがとても嫌でした。でも同時にアートがその質問をしてくれたことがとても嬉しかったです。彼が、私の真の感情をここまで理解しているのは良いことだと感じました。でも、彼が私の真の感情をここまで理解しているということを少し怖くも感じました。

今までにないほど、自分がさらけ出されたように感じました。でも今までにないほど、真の姿を見てもらっていると感じました。

深い痛みというのは、私たちの魂が認める真実よりもさらに真実な真実を明らかにするのに長《た》けています。

私は唾を飲み込みました。必死に。

私が事実だと認めさえするなら甘い真実になりうる、苦い現実を味わいました。

「そうよ。だから私は怒ってるの。どうして神様が彼らに、自分がしたことがどれだけ間違っていたかをお見せになって、自分たちが引き起こした惨状に罪悪感を抱かせないのか理解できない」

アートは尋ねました。「神様がそうしてないって、どうしてわかるの？」

自分の考えをまとめたくなくて、私は衝動的に話し続けました。「だって私のところに来て自分の非を認めたり、謝ったりしてないもの」

アートは静かに答えました。「そういう日は来ないかもしれないよ。でもそれは神様に対する反証にはならないよ。彼らが自分たちの過程の中で、今その段階にいるというだけのことだよ」

私は、癇癪《かんしゃく》を起こすべきか、吐くべきか、白旗をあげてその過程に降伏すべきかわかりませんでした。

過程。

彼らは過程をたどっています。私もそうです。そして今が、自分自身の過程の中で私が前進する時です。

こぶしが緩むのを感じました。

そして、最後に本当にリラックスしたのはいつだったか思い出そうとしました。

アートが言ったことは知恵に満ちていました。それを自分のうちにしみ渡らせた時、私の過程に加えられるべきものがあると気づきました。私自身の謙遜さです。

謙遜さのない人間性は、真の赦しを不可能にします。

人間性は立ち上がり、自分が正しい側、被害者側にいると宣言されることを要求します。でもそれによって私の状況が良くなったことは一度もありません。私を苦々しくさせるだけです。謙遜さは頭を低く下げ、人間が得られる最高の勝利を宣言します。神様からのごほうびである平安です。

私は今まで放蕩《ほうとう》息子に共感したことはありませんでした。私はあまり反抗的ではないし、浪費癖もありません。でもこの物語に息子は二人登場するのです。ですからその物語を読み返した時に私は、この話が「放蕩息子たち」と呼ばれるべきだと心から思いました。二人の息子たちは両方とも反抗的でした。一人の表現のしかたが、もう一人よりわかりやすかっただけです。一人はわがままでした。もう一人は恨みを持っていました。そして恨みを持っていた息子のほうが結局のところ、物語の最後で父に対してもっと反抗していました。彼は弟の行動にとらわれ、父がしていた偉大な働きの全体図を見ることができなかったのです。物語の最後の部分を見てみましょう。

「すると兄は怒って、家に入ろうともしなかった。それで、父が出て来て彼をなだめた。

しかし、兄は父に答えた。『ご覧ください。長年の間、私はお父さんにお仕えし、あなたの戒めを破ったことは一度もありません。その私には、友だちと楽しむようにと、子やぎ一匹下さったこともありません。それなのに、遊女と一緒にお父さんの財産を食いつぶした息子が帰って来ると、そんな息子のために肥えた子牛を屠《ほふ》られるとは。』父は彼に言った。『子よ、おまえはいつも私と一緒にいる。私のものは全部おまえのものだ。だが、おまえの弟は死んでいたのに生き返り、いなくなっていたのに見つかったのだから、喜び祝うのは当然ではないか。』（ルカ一五・二八〜三二）

父が兄に、私のものは全部おまえのものだと思い出させる時、神様は私にこう思い出させてください ます。「わたしのもとに来なさい。わたしを信頼しなさい。この状況すべてをわたしに任せなさい。あなたが知るより大きなわざを、わたしはしている。あなたが望んでいるのは復讐ではなく癒やしだ。あなたが望んでいるのはさらなる混乱ではなく平安だ。彼らに苦しんでほしいわけではないだろう。あなたは、ただもう傷つけられたくないだけなんだ」

苦々しい思いは、表面的には大きな約束をしますが、結局のところは、あなたが望むものを何一つもたらしません。私が本当に望むものをお持ちなのは神様だけです。苦々しさに心を明け渡すことは、神様に背を向けることです。

ですから私はへりくだります。そうしたいからではありません。そうする必要があるからです。

「神様、この状況をあなたにささげます。あの人たちがどんなに間違っていたかという、私の証拠を手放します。あの人たちが罰せられるのを見たいという思いを手放します。謝罪されたいという思いを手放します。公平さを感じたいという思いを手放します。私が正しくて彼らが間違っていると、あなたに宣言していただきたいという思いを手放します。これらのことから私が学ぶべきことを見せてください。そして、怒りの代わりにあなたの平安を与えてください」

繰り返しますが、私はこの祈りをしたかったかといえば、まったくそんなことはありませんでした。ですが、この祈りの美しさと正しさが私の中に落ち着くまで、この祈りをこれからも何度も何度もするのです。

わかってください。これを書くことによって、あなたから選択肢を奪っているのではありません。あなたの感情が悪いと言っているのでもありません。感情は、取り扱われるべきものを指し示してくれる、とても助けになるものです。

あなたはまだ、怒りという選択肢を確実に持っています。それによってあなたのことを少しでも低く見ることは、私には絶対できません。私も自分の感情を大爆発させたばかりなのですから。でも、私がした選択にあなたを招いてもいいでしょうか。

私には、この問題に怒りと恨みをつのらせながら立ち向かうという選択肢も、謙遜さをもって向き合うというなかなか選ばれることのない選択肢もあります。怒りと恨みは、すべての間違いを正したいと主張します。でもそれは同時に、私を何度でも感情的に刺激するのです。でも謙遜さはもっと良いものを望みます。平安です。

もし私に平安があるなら、それこそが最高の結果ではないでしょうか？謙遜さを持って現状を見るということは、自分が感じた不公平を認識しつつも、神様が彼らの心と私の心両方に必要なことをしてくださるという信頼を確かにすることです。

彼らが謝罪を拒否することによって、私の平安はもう充分長い間損なわれてきました。謝罪しない理由にはさまざまなことが考えられます。

・彼ら自身が、他人に引き起こされた別の事柄にあまりにも傷ついていて、目もくらむような痛みに飲み込まれてしまっている。
・私を傷つけたということは彼らにとってどうでもいい。
・私を傷つけたということに気づいてもいない。
・彼らは、私が彼らに与えた未解決の痛みから自分自身を守っていた。
・彼らは現在、何かしらの罪におぼれているため、自分たちが引き起こした痛みに共感できない。
・彼らは、私が傷つけられてあたりまえの人間だと心から思っているので、悪いことをしたと思っていない。
・彼らは自分がしたことが間違っていたと思っていない。

・彼らは間違ったアドバイスに耳を傾けた。
・その他、複雑なさまざまな理由。

ですが結局のところ、彼らが謝罪しない理由を考えて時間を過ごすことは、私が前進するのに何の役にも立ちません。では役に立つのはどのようなことでしょうか？

ローマ人への手紙十二章十八節はこう教えています。「自分に関することについては、できる限り、すべての人と平和を保ちなさい」。この節には、理解と考慮に値する背景があります。非常に興味深い聖書の歴史をひも解きますのでおつき合いください。

使徒パウロは、ローマ帝国から迫害を受けていた、ユダヤ人と異邦人から成る教会にこの訓戒を書き送りました。パウロ自身もローマの迫害を全方位から受けていました。人々を神のきよさに招く彼の教えは、当時の政治的、社会的、そして宗教的システムに混乱を引き起こしました。

人々が福音へと改宗する中で、偶像と関連するいかなることにも参与しないようにとパウロが教えたことが、混乱の一因でした。使徒十九章二十六節では、パウロが「手で造った物は神ではない」と言ったことが取り沙汰されています。偶像によってかなりの収入を得ていた銀細工人のデメテリオは、大いに動揺しました。収入を失うことと、彼らが拝んでいた神が軽んじられたことは、その宗教制度から利益を得ていた人々を怒らせました。彼らは暴動を起こし、パウロを町から追い出しました。

パウロがローマの教会に手紙を書き送った時に経験していたのはこのようなことです。パウロはこのローマ人への手紙を、平和な人々と平和な状況に囲まれた平和な休暇中に書いたのではありません。彼はこの訓戒を、敵対と迫害に満ちた、第三次伝道旅行中に書いたのです。

彼がこの手紙を書いた理由の一つは、平和が簡単ではないからです。困難、終わりのない敵意、そして人間関係における意見の相違は常にあります。私たちにとってそうであるように、当時の彼らにとっても平和というのは不自然に感じられるものだったのです。しかしパウロは、この手紙を読むことになるすべての人に、平和は可能だと思い起こさせるのです。

心から共感します。まるで毎朝、新しい問題と共に目を覚ますかのような日々です。争いに終わりがないように感じます。人々がこんなにたやすく傷つき怒るこの世界で、どうすれば平和が可能だというのでしょうか。

ギリシヤの人々は、平和というのは「敵意がないこと」だと考えていました。[注1] しかしパウロは、平和というのは私たちが敵意の中に持ち込むことのできる環境だと教えます。この平和は、神との関係のゆえに私たちが持つ完全さです。**平和**はヘブル語で**シャローム**です。ヘブル語を話す人たちが今日も、会う時も別れる時も挨拶のことばとしてシャロームを使うというのは興味深い事実です。

それは出会いの挨拶に平和を持ち込むということであり、別れの時には最後のことばとして平和を残すということです。私もそうありたいのです。それは、誰かが私に平和をもたらしてくれるのを待っているわけにはいかないということを意味します。私が置かれるすべての状況に、平和、シャロームの雰囲気を持ち込むという選択をする必要があります。

そうです。とても難しいことです。そして、そうです。私はまだ反発しています。けれどもこれは私にとって非常に良いことです。平和は私たちが作り出すものではなく、私たちの内にイエス様がおられ、私たちを変え、私たちの向きを変え、癒やしてくださっているという証しです。

ヨハネの福音書十四章二十七節でイエス様が「わたしはあなたがたに平安を残します。わたしの平安を与えます。わたしは、世が与えるのと同じようには与えません。あなたがたは心を騒がせてはなりません。ひるんではなりません」とおっしゃったのを思い出してください。

ここで言われている平安とは「平和を守る、または維持すること」です。平安は、神様が信じる者に下さる贈り物です。その贈り物が、私たちが世とは違う存在だという、この世界への証しなのです。今日の世の中で平安を保って生きるというのはばかげた、達成不可能なことのように思えるかもしれません。

しかしその不可能なことが、私たちの内におられるイエス様によって可能にされるとき、それ以上に偉大な証しはありません。問題のある状況の中に平和の君（イザヤ九・六）ご自身をお招きすること以上に力強いことはないのです。イエス様の名を口にするだけで、そこには平和が訪れます。

見逃さないでください。パウロは「他人が平和をもたらしてくれる限りは」とは言いませんでした。「争いが平和に終わる限りは」とも言いませんでした。

そうではなく、彼は「自分に関することについては、できる限り」と言ったのです。言い換えれば、私の人生の平安は、他人の選択によって妨げられはしないということです。私の人生の平安は私の選択によって可能になるのです。

パウロがここで、世にあってクリスチャンが独自性を保つことについてイエス様がマルコ九章五十節で語ったことを繰り返している、と多くの神学者は考えます。「塩は良いものです。しかし、塩に塩気がなくなったら、あなたがたは何によってそれに味をつけるでしょうか。あなたがたは自分自身のうちに塩気を保ち、互いに平和に過ごしなさい」。これは俗語としての「塩対応」、つまり冷淡な状態にあるという意味ではありません。その逆です。キリストに似た私たちの態度が、キリストにある兄弟姉妹に対しても世に対しても、私たちの風味となり、平和の保存料となるということです。

これは本当に可能なのです。でもそのためには私たちは日毎に攻撃したくなる気持ちを放棄し、苦々しさから心をきよめ、傷つけられたときですら謙遜でいなければいけません。だから私は芝居がかった態度で床に寝そべって大声で叫びたくなるのです。「**でも私はイエス様じゃない!!**」

ああ……。でも、これがどれだけ大変に思えたとしても、それよりももっとつらいのは、状況や、煩わしい人々に、私の平和を奪わせ続けることです。それは私を傷つけるのみならず、みなを傷つけます。苦々しさは酸のようにもれ出すと言ったのを覚えていますか。苦々しさの汚れは私の指先で止まりません。私が触れるみなにもれ出すのです。

ヘブル人への手紙十二章十四～十五節は私たちに注意します。「すべての人との平和を追い求め、また、聖さを追い求めなさい。聖さがなければ、だれも主を見ることができません。だれも神の恵みから落ちないように、また、苦い根が生え出て悩ませたり、これによって多くの人が汚されたりしないように、気をつけなさい」。汚染は広がり、私たちに近しい人をも汚していきます。個人の話では終わりません。集合体の話です。一人だけが影響されるということはありえないのです。

この教えはチャレンジを伴うように聞こえるかもしれませんが、同時に目を開かせるものであり、力を与えるものです。私は、平和とは混乱がないときに可能なものだと以前は思っていました。今は、平和の対義語は混乱ではなく、私の身勝手さであり、相手の身勝手さであると気づきました。自分を大切にするのは良いことですが、自己中心であることはそうではありません。人間の心というのは、他者を犠牲にしてでも自分の身勝手な願望に集中するという性質があります。私が変えられるのは私だけなので、私は自己中心に向かう自分の傾向を正直に見つめます。そして自己中心に対する私の最善の対処法は、赦すという謙遜さの中にあります。

平和は、赦しの人生の証しです。

あなたの周りの人がみな平和的である、あるいはあなたの人間関係が常に平和で満ちているということではありません。平和というのはむしろ、赦さないでいることによって身動きが取れなくなってしまった状況と、感じずにはいられない不公平さにこだわり続けることから自分を解き放ったという、深い理解です。

あなたは一連の波乱を、良いものと交換したのです。

平安。

平安の慰めの中に生きるというのは、赦さないでいる束縛の中に生きるよりもずっと良いのです。

ウエストがきつい服や、堅苦しくてまともに呼吸をしたりリラックスしたりできない服を脱いだときの解放感を思い出してください。その服を脱いで、着心地の良い服に着替えるとき、締めつけるような束縛感から解き放たれます。深く呼吸ができます。快適で、落ち着き、いるべき場所にいると感じます。体は平安へと整えられます。

赦さないでいるということに対しても、同じように対処する必要があります。赦さないでいるとき、私たちの思いは小さなからに閉じ込められ、可能性は摘み取られてしまいます。憤りにしがみついているとき、私たちは自分の思いにきつくベルトをして、まったくリラックスしたり休んだりできないようにし、将来の成長をほぼ不可能にするのです。この拘束力は、あなたが経験したことの痛みを手放す妨げになります。あなたを傷つけた人や出来事が思い出され、痛みはそれが起こった日の強さのままでしょう。

誰かを赦さないでいることは、相手に教訓を与えることも、あなたを守ることもしません。それは痛みの中に留まり続けるという選択です。思い出すたびに、すでに窮屈すぎるベルトをもっと強く締めつけるのです。対処されていない痛みと、平安に満ちた思いは、同居できません。他者と平和に暮らすという可能性が少しでもあるとするなら、まず私たちは自分自身と平和に暮らさなければいけません。

でも、そうだとしたら、私の正当性が認められる日は来るのでしょうか。正義は？　公平さは？　ローマ人への手紙十二章を続けて読んでみましょう。

「愛する者たち、自分で復讐してはいけません。神の怒りにゆだねなさい。こう書かれているからです。

『復讐はわたしのもの。

わたしが報復する。』

主はそう言われます。

次のようにも書かれています。

『もしあなたの敵が飢えているなら食べさせ、

渇いているなら飲ませよ。

なぜなら、こうしてあなたは彼の頭上に

燃える炭火を積むことになるからだ。』
悪に負けてはいけません。むしろ、善をもって悪に打ち勝ちなさい」（一二・一九〜二一）

この聖書箇所は、私の思いをあの誕生日カードに向けさせます。

あのカードを送るべきだとわかっていました。でもそれをポストに入れた時、私の感情はまだ納得していませんでした。それでもいいのです。私たちの感情は時に、ほかの部分より遅れて、聖書のことばに従うのですから。

あの行動は、カードを送るのがあたりまえの日の任務を遂行しただけのことのように感じていました。社交辞令。私を傷つけたあの人に心のスペースを与えたくないという私の気持ちに逆うもの。

でももしかしたら、それはただの行動ではなかったのかもしれません。もしかしたら、従順への第一歩だったのかもしれません。

あのカードは過程の一部だったのです。

あのカードが相手の人生に変化をもたらすことがあるのかどうか、私が知る必要はありません。私の人生には変化がもたらされました。それは神様と協働するという私の過程の一部でした。善を持って悪に打ち勝ち、私に関することについて平和を保つという過程の一部でした。

彼らに働かれる余白を神様に残し、神様のあわれみを祈り、神様の御顔を求めるという過程の一部です。神様が善いお方だと知り、神様の臨在の中に生きるという過程です。

そしてその中で、神様の美しさを見るのです。今日それは、ブルーのポストの中のブルーのカードかもしれません。そのカードを送った心は、傷が少し軽くなりました。少しブルーではなくなりました。少し癒やされました。

そしてもっとずっと、平和への備えができた心になりました。

第十四章　赦しとは毎日の積み重ね

これが最後の章だなんて信じられません。本当に多くのことに私たちは共に向き合ってきました。過去に旅をし、健全な未来を建て上げるための確固たる土台を据えました。グレーのテーブルで共に、経験した中でも最もつらい出来事に目を留めました。私たちは正直であり、そして時には、経験してきた深い傷が、良くも悪くも与える影響の強さに衝撃を受けてきました。

私は自分の進歩に満足していると同時に、不安もあります。

自分が癒やされてきている——本当に癒やされ、傷ついた出来事を乗り越える可能性についてただ考えるだけでなく、それを実現させるためにすべきことを実際にしている——ことを、とても嬉しく思います。

ですが同時に、この癒やしと赦しのメッセージを生き続けることができないのではないかという恐れも持っています。赦しについて学んだことを、なかったことにはできません。喪失が私を切り裂くとき、苦い思いがどんなに簡単に私の心に入り込むかに気づかないふりはできません。

自分の心が赦しに抵抗していないと装うことはできません。まだ抵抗しています。いつまでも機能不全とつき合うほうが、境界線についての難しい会話をするよりも好ましいと思ってしまう時がないふりはできないのです。自分の問題に取り組み、解決する必要があるということに正直に向き合うよりも、他人の間違いに集中したいと思ってしまいます。

禁断の果実を食べた人間の最初のことばが「自分が裸であるのを恐れて、身を隠しています」（創世三・一〇）であるということは、今日も私に語りかけます。

私にも同じ傾向があるので、このことばに深く共感できます。傷つくとき、私は恐れます。攻撃に対して無防備に感じるとき、自分の憤りに向き合ってさらに自分をさらけ出すリスクを冒すよりも、自分を守り、隠れたくなります。園で禁断の実を食べているわけではありませんが、恨みを握り締めることによるまやかしの苦いご褒美を私の口は求めるのです。

ですから、私が格闘しているのは、過去の傷に対して赦しのメッセージを生きることではありません。むしろ、まだ私が知らない未来の傷に対してこのメッセージを生きることを躊躇しているのです。

人生は理路整然としていません。人間関係は簡単ではありません。多くの日常の問題を管理し切り抜けるという、絶えず続くストレスと緊張は、人の心を疲れさせます。苦い思いが心にまったくなくて、自分はよくやっていると感じた次の瞬間に、私は人生の落伍者だと感じたりするのです。私が赦そうと一生懸命努力してきた相手が、再び私を傷つけるとき、彼らが過去に私を傷つけた時の証拠を引っ張り出してきて、私の痛みを武器にして、止めることのできない洪水のように苦い思いをもう一度私の中に勢いよくあふれさせたいという誘惑を感じるのです。

でも、躊躇と葛藤と向き合う中で、私はある結論に達しました。赦しのゴールは完璧になることではなく、前進し続けることです。

あなたが同じ経験をするとき、それは普通のことだと知ってください。赦しに失敗しているということではありません。私たちはロボットではないのです。私たちはやわらかくて感情豊かな心を持つ人間なので、簡単に深く傷ついてしまうのです。傷つかなくなることや、イライラしなくなることや、感情的にバランスを崩さなくなることが前進の証拠ではありません。前進の証拠は、痛みをあなたに反するものではなく、あなたのために作用するものにするということです。

痛みを、この本で共に発見してきた癒やしの新しい習慣や視点へと導いてもらう機会としてください。

・より良い考え方をすることにおいて一歩前進する。
・より良い受け止め方をすることにおいて一歩前進する。
・より良い方法で経験と向き合うことにおいて一歩前進する。
・より良い会話をすることにおいて一歩前進する。

・愛を持って伝え、首尾一貫して保つことのできるより良い境界線を引くことにおいて一歩前進する。
・感覚を麻痺させるものに手を出さないという、より良い選択をすることにおいて一歩前進する。
・恨みではなく赦しに心を向けるというより良い瞬間を、できるだけ多く持つ。
・怒りに留まるのを、一日短くする。
・恵みを拒否する時間を、一時間少なくする。

これらのことを一歩ずつ、前回よりは今回のほうがうまくできた、というふうにしていってください。そして次の機会には違う部分を適用してみてください。そしてその次にはまた別の部分も。どんなに不完全で、ぐちゃぐちゃで、躊躇と抵抗に満ちた赦しであっても、苦い思いに心を支配されるよりも良いのです。とてもわずかな、漠然とした赦しの理解と考慮の合計は、一瞬の、完全な苦い思いよりも常に良いものです。赦しと完全に協働しなくてもよいのです。ただ前進さえしていれば、それは良いものです。

赦しを生きるにあたってイエス様が私たちに教えてくださったことを振り返ってみましょう。イエス様は、人生の大きな心の傷と痛みについてだけ、ご自身の教えを適用するようにはおっしゃいませんでした。赦しを、日々実践することとして教えられたのです。

マタイ六章で、イエス様は「ですから、あなたがたはこう祈りなさい」と、とても具体的に教えてくださいました。私は背筋を伸ばして注意を向けます。日々祈るべきこととして、イエス様が盛り込む可能性のある内容は多くありますよね？　もし私が、祈るべきことを教える役割を与えられたら、必要以上にある部分を複雑化してしまうかもしれません。さらに、それより悪いことに、大切な部分を最小化したり、最悪の場合除外したりしてしまうことでしょう。

私が最小化したり除外したりしてしまいたい誘惑に駆られるのはどの部分でしょうか？　それは、イエス様が最重要視したと思われるまさにその部分――告白と赦しです。

マタイ六章九～一五節でイエス様は教えてくださいます。

「『天にいます私たちの父よ。
御名が聖なるものとされますように。
御国が来ますように。
みこころが天で行われるように、
地でも行われますように。
私たちの日ごとの糧を、今日もお与えください。

私たちの負い目をお赦しください。
私たちも、私たちに負い目のある人たちを赦します。
私たちを試みにあわせないで、
悪からお救いください。』
もし人の過ちを赦すなら、あなたがたの天の父もあなたがたを赦してくださいます。
しかし、人を赦さないなら、あなたがたの父もあなたがたの過ちをお赦しになりません」

日々いろいろなかたちで与えられるパンに関する部分はすでに学びました。ですからここでは、赦しを受け取ることと与えることの大切さについて見ましょう。英語のＮＩＶ訳で見た場合、この祈りは九十四語から成っています。そのうち四十六語が、赦しを与えることと受け取ることに関してです。

この事実に私は注意を引かれます。そして、ただ神様の助けと備えを願う以上に、祈りの中で日々イエス様が私たちに何をしてほしいと願っておられるかをもっと学びたくなります。

主の祈りは、人の心に毎日必要なことを示します。私たちは神を必要とし、そして赦されることと赦すことを必要としています。

赦しというのは、食事や睡眠と同じくらい、私たちの日常の一部であるべきなのです。でも私は躊躇なく認めます。私は赦すということを毎日はしていません。毎週もしていないと思います。この分野において私が従順なのは、きっと「まれに」です。だから時々、説明しようのない重い気持ちが湧き上がり、人を恐れてしまうのでしょう。そうなったときの私は、次のような状態です。

・過去の人間関係が、特定の人たちの悪い面だけ見させようとするとき、彼らの良い面を見ることに葛藤します。
・真に健全な人間関係は不可能だと思います。
・人間関係のために努力することにまいってしまい、疲弊します。
・誰かと共にいるとき、それを楽しむというより、忍耐の時間として捉えてしまいます。
・関係性を改善するよりも、自分の側の物事だけをもっと良くしたいと考えてしまいます。
・ある人たちにされたことを理由に、ほかの人たちを信頼することに懐疑的になってしまいます。

こうなってしまうのは、私だけではないと思います。対立と混乱はどこにでもあります。傷つけられることなしに生きることはできないと思えるような時代に私たちは生きています。ひどく傷つけられたことのない人はほとんどいないし、人間関係のトラブルを抱えていない人もほとんどいません。真に頭を低くしてひざまずいて祈るよりも、背を向けてしまいたいと思う人がほとんどではないでしょうか。そしてほとんど誰も、イエス様が教えてくださったような真の告白と赦しの祈りを日々してはいないのではないでしょうか。

手を上げて、まずは私がそうだと告白します。私はあまりに簡単に傷つきます。あまりに素早く自己防衛します。祈りに向かうまでにあまりに多くの時間を要します。告白することはほとんどありません。そして赦さないでいることがあまりに多いのです。

変わりたいと思います。成熟したいと思います。本当に「聞くのに早く、語るのに遅く、怒るのに遅く」（ヤコブ一・一九）なりたいのです。

怒りを**感じる**ことは、怒りに**生きる**こととは違います。
痛みを**感じる**ことは、痛みに**生きる**こととは違います。
疑いを**感じる**ことは、疑いに**生きる**こととは違います。
不当に扱われたと**感じる**ことは、不当に扱われながら**生きる**こととは違います。
恨みを**感じる**ことは、恨みに**生きる**こととは違います。

イエス様は、これらの感情を私たちが持つようになるとご存じでした。特に、状況が、人間関係が、そして私たち自身の感情が、予測不能なときにはそうなるとご存じでした。ですからそれらに先立って、祈るべき祈りを私たちに与えてくださったのです。告白と赦しによって、今日出会うことすべてに私たちは先回りできるのです。

繰り返しますが、私がこれを完璧にできるようになるとは言いません。でも、努力はするのです。つい数週間前に、私がずっと支援してきたある人が、まったくその人らしくない態度で、思いがけなく私を攻撃してきました。私はとても傷ついて、その人を助けることから手を引いて、自分の怒りをその人にぶつけたいと思いました。苦い思いが湧き上がり、心の中で何度も何度もこう言いました。「あんなにいろいろあげたのに……。こんなにまであなたに忍耐を持って接してきたのに……。ここまでして助けてあげたのに……。**これが私に対する扱いなわけ?!**」

ですが瞬間的に反応する代わりに、私はこの本に書いた内容を思い出しました。そして正にその日の朝に主の祈りを祈って、自分の心の中の取り扱いが必要なさまざまな部分に関して告白したことを思い起こしました。その日私を傷つけたり、強い感情をかき立てたりするかもしれない人を赦すと、すでに決めていたのです。そして、その二つをすることにより、自分にとって不可能な完璧な生き方を他者に求めることはできないと、改めて思い出していたのです。非常に人間的な私の性質には恵みが必要で、それは他の人も同じなのです。

告白は、私の中にある混乱の悪循環を砕きます。

赦しは、私たちの間にある混乱の悪循環を砕きます。

ですから、怒りにまかせて、さらなる傷と痛みを引き起こすことはしませんでした。代わりに、自分の怒りを通して、私と彼女の間に解決すべき何かがあるということに気づかせてもらいました。でも彼女の行動を個人的攻撃と受け取らず、あとで後悔するようなことを言わずに彼女と話をすることは無理だと思いました。正直になる必要があるとわかっていましたが、彼女を傷つけたくありませんでした。彼女との間に平和が欲しかったですが、その状況で感じていたのは混乱だけでした。ですから、自分たちで解決したり話し合ってどうにかしようとしたりする代わりに、彼女を家に招待して、一緒に祈るという提案をしました。

私の中におられるイエス様に、彼女の中におられるイエス様に向かって話してほしかったのです。彼女の中におられるイエス様に、私の中におられるイエス様に向かって話してほしかったのです。その夜共に祈った時、説明できないような平安が私たちの間のわだかまりを洗い流しました。実際の問題が解決されたわけではありません。ですがさらなる傷と混乱と恨みを抱く機会が、そこに加えられるのを防ぎました。とげを取り除き、恵みの可能性を招き入れました。そしてほかの方法ではきっと得られなかったであろう平和の雰囲気がもたらされたのです。

その日の朝祈った主の祈りは、私の心を、起こるとも知らなかった出来事へと備えました。赦す最善のタイミングは、傷つく前なのです。

二番めに良いタイミングは、今この瞬間です。

だからこそ、私はこれを、赦しに関する私の日々の「今までより一歩進んだ良い選択」の一部にしたいのです。これが前進です。これが成熟に向かう良い働きです。

成熟というのは、つらいことがなくなることではありません。成熟というのは、つらいことをあなたに反するものとして作用させるのではなく、あなたのためになるものとして作用させたという証しです。

多くの場合私たちは、困難が私たちから何を奪うかにしか目を留めません。でも成熟は、私たちの成長に欠けているものを困難が補うという視点を与えてくれます。成熟は、自己認識を増し加えます。成熟は、私たちがより健全な視点を持って過程を通るのを助けます。成熟は、私たちの人間関係をより健全なものへと整えます。

そして成熟は、他者への深い共感と不完全さへの忍耐を与えます。これにより私たちは、簡単には傷つかなくなるのです。

これは、私たちが思うよりも大きなことです。だからこそ、祈りについて教えられた時、イエス様は告白と赦しをここまで重要視されたのです。

どのようにこれを実践できるでしょうか？　この祈りと神様の教えを、私の人生によりよく織り込む方法が必要です。そうしないと、以前の考え方と、不健康な感情の習慣に逆戻りしてしまうでしょう。

神様のことばを道案内として、日々告白と赦しを活性化する方法についてご紹介します。まず、あなたが向き合っている人間関係に合うトピックの聖書箇所を選んでください。以下に、聖書箇所のリストをまとめてあります。

そして、次に挙げる項目を書き込める、スペースたっぷりのノートを準備してください。

1　選んだ聖書箇所を書き込める大きさの四角形を書いてください。
2　その四角形の上に、その聖書箇所のテーマを書いてください。
3　四角形の下に、そのテーマの反対になることを書いてください。
4　四角形の左のスペースを上下に二分する横線を引いてください。上の部分に、この聖書箇所に対する応答として神様があなたに望んでおられると思うことを書いてください。
5　二分したスペースの下の部分に、この聖書箇所に対する応答として悪魔があなたに望んでいると思うことを書いてください。
6　四角形の右のスペースには、答えを書き込むスペースを空けながら、以下のことばを書いてください。

・**前進**　この聖書箇所を生きるうえで、私はどれくらい前進しているか？
・**抵抗**　この聖書箇所を生きるうえで、抵抗を覚えるのはどんな状況か？
・**後退**　この聖書箇所を生きるうえで、私が後退している部分はあるか？
・**反発**　この聖書箇所を生きるうえで、反発するのはどんなときか？
・**告白**　ここで、自分が何を告白する必要があるか認識します。それらの告白を書き出しながら、この過程の中で謙遜の霊をくださるように神様に祈ります。

・**赦し** この聖書箇所を生きるうえで、相手が私と共に歩めないのはどの部分でしょうか。

これは赦しの機会です。彼らの行動を見逃すことではありません。赦さないことによって私が妨げられることから自由になるのです。

あなたが告白し、赦しを宣言したものは今や、前進した部分となりました。この過程は一周するのです。

この方法で、私はつらい出来事を自分のために作用させることができます。するべき告白と赦す機会についての認識を増すとき、私はさらに成熟します。私はより良い妻に、母に、友に、そして娘になります。実際、私は日々出会う知らない相手にすらもっと良き人間になるのです。

次の頁に私のノートの一例をお見せします。

以下が、この実践を始めるのにお勧めの聖書箇所です。

ローマ一二・二／マタイ五・八／エペソ四・二九／コロサイ三・二／ガラテヤ六・一／マタイ一八・一五／ヤコブ一・一九～二〇／ヤコブ四・一〇／ヤコブ四・一一／ルカ一四・一一／エペソ四・一～二

神様は私に、人々にいのちを語ってほしいと思っている

神様が望んでおられること

悪魔が望んでいること

悪魔は私に、私のことばによって人を傷つけてほしいと思っている

テーマ

人を傷つけることばではなく人の益になることばを語る

聖句　エペソ4：29

悪いことばを、いっさい口から出してはいけません。むしろ、必要なときに、人の成長に役立つことばを語り、聞く人に恵みを与えなさい。

テーマの反対になること

人を見下し、傷つけることばを語り、優越感にひたる

前進

抵抗

後退

反発

告白

赦し

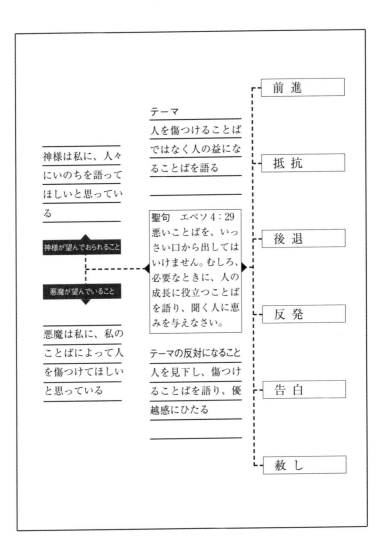

終わりに、赦し――特に、赦すことなど不可能に思えるときの赦し――に対する私の視点を永遠に変えた経験を分かち合いたいと思います。

それが生涯忘れることはない瞬間だったと、あとになるまで気づかない瞬間があります。一方で、私たちの心を強くとらえ、生涯忘れないだろうとすぐにわかる瞬間があります。私が二年前にイスラエルで経験したあの日は、その両方でした。

イスラエル訪問はいつでも素晴らしい経験ですが、その日は、それまでのように聖地について学ぶことが目的ではありませんでした。その日のフォーカスは人々でした。私は、女性たちのための平和の会に参加する機会を与えられました。彼女たちに平和が訪れることはありえないと言われている女性たちでした。彼女たちは喪失を知っていました。深い悲しみを知っていました。最もつらい方法で傷つけられることを知っていました。

彼女たちは信じる宗教によって、国家の物語によって、また政治的立場によって分け隔てられていました。彼女たちの愛する人たちは信念のために戦ったゆえに、あるいは争いに巻き込まれたゆえに、殺されました。

この女性たちは息子を、兄弟を、姉妹を、母親を、父親を、娘を、そして夫を亡くしていたのです。

私の隣に座った女性の、深い悲しみで縁取られた暗い瞳を私は見つめました。私たちの世界はまるで違うようでした。彼女はブルカを着ていました。私はジーンズとヘッドバンドを身につけていました。私たちは違うアクセントで話し、違う場所で礼拝し、違う食べ物を食べ、友達とは違う話題を話しました。

彼女の手には、折りたたまれた写真が握られていました。深い悲しみを目にたたえて彼女は私を見ました。「私のたった一人の娘だったの。かわいかったのよ。二回撃たれたの」。私は手を伸ばして、彼女の手を握りました。開かれた写真を見て、娘さんがどれだけ幼かったかということに衝撃を受けました。

私の反対隣に座った女性は、同じ国の問題の、まったく違う物語を生きていました。彼女はかつらと、ほとんど足首までを覆うスカートを身につけていました。私と彼女は違うアクセントで話し、違う場所で礼拝し、違う食べ物を食べ、友達とは違う話題を話しました。

彼女は小さな写真立てを持っていました。深い悲しみを目にたたえて私を見ました。彼女は夫を失っていました。私は手を伸ばして、彼女の手を握りました。

何世代にもわたって隔ての線を構築してきた、私たちの間にある相違は部屋じゅうに満ちていました。

でもそこで私たちは手を取り合っていました。涙によって一つにされた、隔てられた女性たちの輪。私たちはみな、深く悲惨な喪失を経験していました。

そして喪失という共通性の中で、他人が不可能だと言った平安を、私たちは見つけたのです。政治問題を解決するつもりはありませんでした。誰が正しいか議論しようともしていませんでした。私たちはただ人間として、女性として、そして痛みを持つ者同士として、語り合うためにそこにいたのです。

時間をかけて互いの話を聞きました。口を開くのには慎重でした。心の痛みがあり、答えられていない疑問があり、何がなぜ起こったかに対する意見の相違はありましたが、自分たちの相違点を超えて物事を見たいという願いがありました。みなが自分の物語を分かち合ったあと、私たちは輪を離れて、商業用キッチンに行きました。残りの午後は共にジャム作りをして過ごしました。砂糖と果物以上に甘いものを、かき立て、かき混ぜ、一つにしました。

世間の基準から言って、私たちはその日何も達成しなかったと政治アナリストは言うかもしれません。でもそれは間違いです。そこにいた女性たち全員を代表することはできませんが、少なくとも私の心の中では多くのことが成し遂げられました。その日学んだことを今もよく思い起こします。

喪失による涙は、私たちを一つに結びつける可能性に満ちています。

私があの平和の会で目にしたものは美しいものでした。

でも、痛みには残酷な面もあります。

痛みによって、他人への思いやりを強くすることができず、他人が自分を傷つけようとしているとそれまで以上に強く思ってしまうとき、痛みは残酷です。私たちは理解を持って互いに手を差し伸べようとしなくなります。代わりに暴言を吐き、自分が受けた傷を他人の人生の中で増幅させるのです。

運転中に中指を立てます。ドライブスルーで注文を間違えた店員に異常なほどきつくあたります。自分をよく見せるためだけに、強い裁きのことばを口にします。他人の間違いを証明しようと躍起になります。

SNSでの醜い、意地悪な、もしくは有害なコメントは、それを書いた人が喪失に苦しんでいる証しです。それに対する反撃が、彼らを落ち着かせることは決してありません。痛みが彼らをその場所へ導いたのなら、痛みを加えることが、彼らをそこから救い出すことはありません。彼らの喪失と痛みに対してあわれみと恵みを持つことは、彼らのことばを認めることではありません。彼らの存在価値は、彼らの有害な発言と同等ではないという事実を尊重することです。もしかしたら、今現在の彼らの人生の中であなただけが、彼らを助ける機会と、気にかける勇気を持っている人なのかもしれないのです。

イスラエルの女性たちと過ごした日の最後に、みんなで作ったジャムの売上を誰が受け取るかを投票で決めました。たくさんのジャムを作ったので、その売上を受け取る人が誰であれ、それは大きな助けになるとみなわかっていました。誰もが助けを必要としていました。誰もが、自分こそがそれを受け取るのにふさわしいと言うことができました。でもその日、涙という共通項を通してお互いを知り合う中で、私たちは単純に、そのお金を最も必要としている人に投票しました。ブルカを身につけた女性たちがお金を受け取りました。満場一致の投票結果でした。誰も**赦**

しということばを口にはしませんでした。その必要がなかったのです。赦しはそこに存在していました。みなそれを知っていたのです。

それは売上金の獲得者を決めるに留まらず、思いやりと赦しが人類の中で何を達成できるかを示す投票でした。誰かを正しいと宣言するものではありませんでした。思いやりが必要とされているところに思いやりを差し伸べるというシンプルな出来事でした。神様にあって何が可能かを見させてくれた、私が経験した中で最も美しいメッセージでした。

それが彼女たちに可能なら、絶対に、私とあなたにも可能なはずです。

イエス様は、祈り方をお教えになった時にだけ赦しのお手本を示されたわけではありません。赦しは、イエス様の人生のメッセージそのものでした。赦しは、イエス様が亡くなる際に宣言されたものでした。「父よ、彼らをお赦しください。彼らは、自分が何をしているのかが分かっていないのです」（ルカ二三・三四）。でもそれ以上に赦しは、救われた魂すべての宣言です。「私は赦された。だから、私も赦さなければいけない」

ああ、本当に、今あなたと一緒にグレーテーブルの前に座っていられたらいいのにと願います。ここまで来たら、もう言うことはあまり残っていません。だから、私はあなたをハグして、あなたの手にメモをすべり込ませます。あなたのために書いたものです。「赦しの美しさ」（次の章にあります）。さよならを言ったあと、あなたがそれを読んでほほえんでいる姿を私は想像します。

私たちは生き抜きました。そして私たちは日常に戻っていきます。真に生きる人生に戻っていきます。赦しこそ癒やしの秘訣であると、私たちは知っているのですから。

赦しの美しさ

赦しとは、あなたを傷つけた人がこれ以上あなたを制限したり、あなたにレッテルを貼ったり、彼らが自分自身に対して信じている嘘をあなたに投影したりすることを認めないという決断をあなたがすること。

人生のどこかで、彼らは傷を負いました。深い、深い傷を。彼らは悪い人たちではないのかもしれませんが、**癒やされていない人々**なのでしょう。深く傷ついているとき、人は自分を守らなければいけないと感じ、膿みただれた部分からの痛みを、往々にして他者に投影するのです。

ですからあなたは、彼らの攻撃によって自分を定義づけたり、**苦い思い**という狭いおりの中に閉じ込められたりしないという決断をする必要があります。

あなたの素晴らしい人生が、傷の中に生きるという制約に押し込められてはいけません。百パーセント喜ばしい、美しい、楽しい、そして素晴らしいものとして**神様に造られた**あなたが、人生に迷ったほかの誰かに汚されてはいけないのです。彼らが間違って信じ、あなたにも押しつけようとしている嘘が、あなたの重荷や、自分に繰り返し語る人生の物語になってはいけません。怒りに成長を妨げられたり、恨みに取りつかれたり、恐れによって引きこもったりするひまは、あなたにないのです。**神様の恵み**を、親切に与え、自由に受け取り、そしてその恵みの中で成長しましょう。

勝利のうちに両腕を上げて宣言しましょう。「自分自身を生き生きと生きるために、**私には赦す自由がある！**」

その宣言を一回、二回、いいえ、七回を七十倍するまでしてください。あなたが**天国**に結びついているという疑いようもない事実を生きてください。

勇気を持ってあなたが宣言する赦しのメッセージは、**あなたのうちにイエス様がおられる**ことの証拠です。誰もそれを否定することはできません。押しつぶされてもこの喜びは鎮められないと、テーマソングのように歌ってください。その喜びをカラフルな紙吹雪のようにまき散らして、ただ生き抜くだけの単調さを、人生を楽しむ輝きに代えてください。誰もが好み、もっとかぎたいと思うような素晴らしい香水のように、その喜びで空気を満たしてください。

動脈の上に指を置いてみてください。感じますか？　あなたの心臓が脈を打ち、血を行き巡らせ、あなたを前へ上へと進ませる力を与えています。**あなたの将来は可能性に満ちていて、**逃すことのできない新たな喜びがあなたを待っています。

だからあの歌に身をゆだねて踊ってみましょう。リズムが鳴るとあなたが踊らずにはいられなくなるあの曲に合わせて。もしそれが賛美の曲でなかったとしても、**イエス様に向かって歌ってください。**

踊って！　歌って！　動き出し、人生と仲直りをする時です。友よ、これこそが**赦しの美しさ**です。

赦しに関して聖書が実際に言っていること

正直になりましょう。感情的に最も傷ついているとき、私たちの思考態度は大抵あまり聖書的ではありません。ですから、人間関係の葛藤が私を苛立たせて赦しから遠ざけようとするとき、あるいは困難が訪れて、フル回転している私の感情が、あらゆる混沌とした方法であふれ出ようとするとき、私は自分の口を開く前に聖書を開くべきだと思い出す必要があります。

ですが、つらい状況のただ中にいるとき、これらの聖書箇所すべてを思い出そうとするのは気が遠くなるようなことです。知恵と正しい視点を必要とするときに手に取ることができる参考ガイドが必要です。

ですから、私が赦しについて調べてきた聖書箇所を簡潔にまとめました。私たちはこれからも人間関係の複雑さに向き合い続けていきます。その中にあって、このリストが、私とあなた両方にとって、神様の命令を思い起こす力強いスタート地点になることを願います。

怒り続けたり、言い分を立証したり、赦さないでいることに固執したり、自分の肉で物事をど

うにかしようとしたりするのは当然だという私の自己弁護を断ち切るのに、神のことばは力強く効果的です。違う生き方は可能です。私はそれが欲しいのです。でもそのためには神様のお力が私の内に働く必要があります。神様の力をもっと受け取るためには、神様の真理が私の心を、思いを、そして口をもっと満たせるように、スペースを空ける必要があります。ですから、聖書を共に旅する前に、主の前に膝をかがめ、「私を変えてください」と祈りましょう。

謙遜さは、神様の力を招きます。
プライドは神様の力を締め出します。

詩篇の著者は教えてくれます。「悪しき者は高慢を顔に表し　神を求めません。『神はいない。』これが彼の思いのすべてです」（詩篇一〇・四）

私たちがしてこなかったことを責めるという意図はありません。むしろ、前進すれば何が可能になるかということに光を当てているのです。罪の呵責は、それが神様からのものであるならば、私たちが物事にどう対処するか、どう行動するか、どう反応するか、どう話すか、そして互いにどう関わり合うかを変える手助けをしてくれます。これは、困難に上乗せされる重荷ではありません。その逆です。それは自由への道です。Ⅱコリント三章十七節は約束します。「主は御霊です。そして、主の御霊がおられるところには自由があります」

私は、私と私の人間関係について神のことばが約束するこの自由と新生が欲しいのです。あなたはどうでしょうか。では始めましょう。

聖書が赦しに関して言っているのは次のようなことです。私たちは赦すように神様にはっきりと命令されています。私たちが神様に赦されているからです。

「互いに忍耐し合い、だれかがほかの人に不満を抱いたとしても、互いに赦し合いなさい。主があなたがたを赦してくださったように、あなたがたもそうしなさい」（コロサイ三・一三）

「互いに親切にし、優しい心で赦し合いなさい。神も、キリストにおいてあなたがたを赦してくださったのです」（エペソ四・三二）

赦しは、イエス様が私たちに日々祈るようにと教えられた祈りの一部です。

「ですから、あなたがたはこう祈りなさい。『天にいます私たちの父よ。御名が聖なるものとされますように。御国が来ますように。みこころが天で行われるように、地でも行われますように。私たちの日ごとの糧を、今日もお与えください。私たちの負い目をお赦しください。私たちも、私たちに負い目のある人たちを赦します。私たちを試みにあわせないで、悪からお救いください。』もし人の過ちを赦すなら、あなたがたの天の父もあなたがたを赦してくださいます。しかし、人を赦さないなら、あなたがたの父もあなたがたの過ちをお赦しになりません」（マタイ六・九〜一五）

私たちが上から与えられる赦しの真実に関して信じていることと、横の関係において赦しを快く差し出すかということには、否定できないつながりがあります。チャールズ・スポルジョンは言いました。「赦しを受け取ることはあまりにも甘く、それに比べればハチミツも甘くないほどだ。しかしそれよりも甘美なことは、赦しを与えることである。受けるよりも与えるほうが幸いであるように、赦すことは赦されるよりもワンランク上の経験である」[注1]

赦しを与えることが、耐え難いほどつらいことになりえるということを私は知っています。神様の命令すべての中で最も不公平なものの一つに思えます。でも赦しを与えるように命令しているのがどんな方かということを私たちは忘れてはいけません。それは神様なのです。あわれみ深い父であり、あらゆる慰めの神です。ですから、私たちが深く傷つけられたり、時には虐待されたりするような人間関係の複雑さの中で赦そうとするとき、神様のあわれみと慰めは、赦しの命令から欠落していないのです。

「私たちの主イエス・キリストの父である神、あわれみ深い父、あらゆる慰めに満ちた神がほめたたえられますように。神は、どのような苦しみのときにも、私たちを慰めてくださいます。それで私たちも、自分たちが神から受ける慰めによって、あらゆる苦しみの中にある人たちを慰めることができます。私たちにキリストの苦難があふれているように、キリストによって私たちの慰めもあふれているからです」（Ⅱコリント一・三〜五）

あなたがどのように傷つけられたか、神様は見ています。あなたの傷ついたところを、神様は手当てしてくださいます。赦さないことによって癒やされた人はいません。赦さないことによって痛みが緩和された人はいません。赦さないことによって傷ついた心が修復された人はいません。でも赦しを与える方であり、赦すことを人にお求めになる方である神様に目を向けてみましょう。神様が私たちを癒やし、私たちの痛みを緩和させ、私たちの傷ついた心を修復してくださいました。神様が私たちの癒やし主です。

「主は心の打ち砕かれた者を癒やし／彼らの傷を包まれる」（詩篇一四七・三）

神様は私たちを癒やしてくださるだけでなく、ご自身の御霊を送って私たちの内に住み、私たちの弱いところを助けてくださいます。赦すことが不可能に思えるとき、私たちは聖霊様に、介入して助けてくださるようにお願いできるのです。

「同じように御霊も、弱い私たちを助けてくださいます。私たちは、何をどう祈ったらよいか分からないのですが、御霊ご自身が、ことばにならないうめきをもって、とりなしてくださるのです。人間の心を探る方は、御霊の思いが何であるかを知っておられます。なぜなら、御霊は神のみこころにしたがって、聖徒たちのためにとりなしてくださるからです。神を愛する人たち、すなわち、神のご計画にしたがって召された人たちのためには、すべてのことがともに働いて益となることを、私たちは知っています」（ローマ八・二六〜二八）

赦すということは、あなたを傷つけた人が罪の結果を免れるということではありません。赦すということは、神様が適切なあわれみの方法をもってご自身の正義を遂行してくださると信じることによって、復讐の重荷を私たちが拒否するということです。赦すということは、あなたを傷つけた人たち、あなたを虐げた人たち、あなたにした誓いや約束を拒絶した人たちをかばうことでもなく、彼らがあなたに引き起こした痛みを軽く見ることでもありません。赦すことは、彼らがあなたにしたことがあなたをさらに苦しめることからあなたを自由にします。あなたはもう充分苦しみました。彼らを神様に明け渡してください。神様のみがするべきことを神様ができるように、余白を与えてください。

「愛する者たち、自分で復讐してはいけません。神の怒りにゆだねなさい。こう書かれているからです。『復讐はわたしのもの。わたしが報復する。』主はそう言われます」(ローマ一二・一九)

イエス様は不公平に、そして残酷に扱われましたが、復讐はしませんでした。神様におゆだねしたのです。

「ののしられても、ののしり返さず、苦しめられても、脅すことをせず、正しくさばかれる方にお任せになった」(Iペテロ二・二三)

そして私たちはイエス様の御足の跡に従うべきなのです。

「このためにこそ、あなたがたは召されました。キリストも、あなたがたのために苦しみ

を受け、その足跡に従うようにと、あなたがたに模範を残された」（一ペテロ二・二一）

けれども、誰かを赦すことが、自分を傷つけ続ける許可を相手に与えることのように感じる複雑な状況にあるとき、私たちはどこで線引きをするべきでしょうか。そのような状況にあるときに私たちが理解しなくてはいけないのは、赦しは命令であるけれども、和解は可能な限り奨励されているに過ぎないということです。

「自分に関することについては、できる限り、すべての人と平和を保ちなさい」（ローマ一二・一八）

「できる限り」というのは、それができない場合もあるという意味だと私は思います。ですが同時に、「自分に関することについては」という部分が、できることはすべきだということも明らかにします。ローマ人への手紙十二章十八節の前後の箇所はとても指導的です。

「あなたがたを迫害する者たちを……呪ってはいけません。……思い上がることなく……自分を知恵のある者と考えてはいけません。だれに対しても悪に悪を返さず……自分で復讐してはいけません。……」（ローマ一二・一四、一六、一七、一九）

けれども、ある人たちと平和を持って共に生きる唯一の方法は、以下のことを覚えておくことかもしれません。それは、**赦し**は無制限で無条件であるけれども……

「そのとき、ペテロがみもとに来て言った。『主よ。兄弟が私に対して罪を犯した場合、何回赦すべきでしょうか。七回まででしょうか。』イエスは言われた。『わたしは七回までとは言いません。七回を七十倍するまでです。』」（マタイ一八・二一、二二）

……**和解**には制限と条件があるということです。和解のためには、相手の悔い改め、訓練されることをいとわないという意思、回復のプロセスに対する謙遜さが必要です。相手が悔い改めるなら、繰り返し傷つけられたとしても私たちは赦しを与えるべきです。彼らは思考と行動を変えることを学ぶ過程の中にいるので、悔い改めが鍵なのです。

「あなたがたは、自分自身に気をつけなさい。兄弟が罪を犯したなら、戒めなさい。そして悔い改めるなら、赦しなさい。一日に七回あなたに対して罪を犯しても、七回あなたのところに来て『悔い改めます』と言うなら、赦しなさい」（ルカ一七・三、四）

また、悔い改めている人に対して私たちは慰めを与えるべきで、重荷を増し加えるべきではありません。

「もしある人が悲しみをもたらしたのなら、その人は私を悲しませたのではありません。むしろ、言い過ぎにならないように言えば、ある程度まで、あなたがたすべてを悲しませたのです。その人にとっては、すでに多数の人から受けたあの処罰で十分ですから、あなたがたは、むしろその人を赦し、慰めてあげなさい。そうしないと、その人はあまりにも深い悲しみに押しつぶされてしまうかもしれません。そこで私はあなたがたに、その人へのあなたがたの愛を確認することを勧めます。私が手紙を書いたのは、あなたがたがすべてのことにおいて従順であるかどうか、試すためでした。あなたがたが何かのことで人を赦すなら、私もそうします。私が何かのことで赦したとすれば、あなたがたのために、キリストの御前で赦したのです。それは、私たちがサタンに乗じられないようにするためです。私たちはサタンの策略を知らないわけではありません」（Ⅱコリント二・五～一一）

忘れないでください。聖書的和解とは真の悔い改めを必要とし、真の悔い改めによって証明されるものです。物事を正したいと相手がどれだけ熱心に願っているか見極めてください。

「しかし、ザアカイは立ち上がり、主に言った。『主よ、ご覧ください。私は財産の半分を貧しい人たちに施します。だれかから脅し取った物があれば、四倍にして返します。』」（ルカ一九・八）

彼らが聞くのを拒むなら、彼らは訓練されることができないので、回復のプロセスを省略して、マタイの福音書十八章十七節が言うようにしなければならなくなります。「彼を異邦人か取税人のように扱いなさい」とありますが、この節を「彼らを無視しなさい」と理解しないように気をつけてください。これの意味するところは、あなたとその人の関係を、キリストにある親密な兄弟姉妹の関係から変える必要があるということです。彼らの成熟度を信頼し、あなたの人生に出入りし、影響を与え、語りかけることを許すという関係から、親密さをかなり減らした、伝道的で証しをするような関係へと変える必要があるのです。

「また、もしあなたの兄弟があなたに対して罪を犯したなら、行って二人だけのところで指摘しなさい。その人があなたの言うことを聞き入れるなら、あなたは自分の兄弟を得たことになります。もし聞き入れないなら、ほかに一人か二人、一緒に連れて行きなさい。二人または三人の証人の証言によって、すべてのことが立証されるようにするためです。それでもなお、言うことを聞き入れないなら、教会に伝えなさい。教会の言うことさえも聞き入れないなら、彼を異邦人か取税人のように扱いなさい。まことに、あなたがたに言います。何でもあなたがたが地上でつなぐことは天でもつながれ、何でもあなたがたが地上で解くことは天でも解かれます」（マタイ一八・一五〜一八）

イエス様は異邦人や取税人を疎外なさいませんでした。イエス様は彼らと食事を共にし、彼らに証しし、彼らをより良い道へと招き続けられました。

また、赦しが命じられているけれども和解が有害な場合もあります。例としては、クリスチャンが罪の中に生き続けることのできる状態にいて、教会に悪い影響を与えている場合などです。以下の聖書箇所にある「**追放**」ということばは、「除く」という意味です。あなたは決して、彼らの人生の選択から影響を受けてはいけないし、彼らの人生の選択とあなたの人生の選択を混同してもいけません。彼らが悔い改めて、継続的で積極的な罪の生活から抜け出すまでは。

「私が今書いたのは、兄弟と呼ばれる者で、淫らな者、貪欲な者、偶像を拝む者、人をそしる者、酒におぼれる者、奪い取る者がいたなら、そのような者とは付き合ってはいけない、一緒に食事をしてもいけない、ということです」（Ⅰコリント五・一一）

十三節では「あなたがたの中からその悪い者を除き去りなさい」と続きます。

和解が禁じられていることが明らかな状況もあります。相手が虐待的であったり、制御不能であったり、精神的、肉体的、または霊的に危険であったりする場合です。

「終わりの日には困難な時代が来ることを、承知していなさい。そのときに人々は、自分だけを愛し、金銭を愛し、大言壮語し、高ぶり、神を冒瀆《ぼうとく》し、両親に従わず、恩知らずで、汚れた者になります。また、情け知らずで、人と和解せず、中傷し、自制できず、粗野で、善を好まない者になり、人を裏切り、向こう見ずで、思い上がり、神よりも快楽を愛する者になり、見かけは敬虔であっても、敬虔の力を否定する者になります。こういう人たちを避けなさい」（Ⅱテモテ三・一～五）

そのような線引きをどこですべきか、そして関わりを持つべきでないのはどんな時かをいつでもわかる数式をあなたにあげられたらいいのにと思いますが、そのようなものはありません。ヨハネの福音書十六章十三節でイエス様が約束したような真実に、聖霊様があなたを導いてくださると信頼するしかありません。それでも、私たちは誰とでも平和を持って生きるべきです。ですから、誰かと近くなりすぎて平和に生きることができないのなら、適正な境界線を引いて平安を内側に、苦々しさを外側に保つべきです。

「すべての人との平和を追い求め、また、聖さを追い求めなさい。聖さがなければ、だれも主を見ることができません。だれも神の恵みから落ちないように、また、苦い根が生え出て悩ませたり、これによって多くの人が汚されたりしないように、気をつけなさい」（ヘブル一二・一四、一五）

和解について私たちがどう考えるにせよ、赦しというのはイエス様が私たちに下さり、お手本を見せてくださり、そして招いてくださるものです。私たちはすべての人をあきらめてはいけません。

「もし私たちが神の命令を守っているなら、それによって、自分が神を知っていることが分かります。……神のうちにとどまっていると言う人は、自分もイエスが歩まれたように歩まなければなりません。……光の中にいると言いながら自分の兄弟を憎んでいる人は、今でもまだ闇の中にいるのです。自分の兄弟を愛している人は光の中にとどまり、その人のうちにはつまずきがありません」（Ⅰヨハネ二・三、六、九～一〇）

そして私たちが祈るとき、私たちは自分の心に恨みがないか点検し、赦しによって心をきよく保つのです。

「また、祈るために立ち上がるとき、だれかに対し恨んでいることがあるなら、赦しなさい。そうすれば、天におられるあなたがたの父も、あなたがたの過ちを赦してくださいます」（マルコ一一・二五）

ささげものをささげるときも、心を点検する必要があります。

「ですから、祭壇の上にささげ物を献げようとしているときに、兄弟が自分を恨んでいることを思い出したなら、ささげ物はそこに、祭壇の前に置き、行って、まずあなたの兄弟と仲直りをしなさい。それから戻って、そのささげ物を献げなさい」（マタイ五・二三、二四）

私たちは、神と未信者の間の和解の務めを与えられた、キリストの使節と呼ばれています。

「……神は、キリストによって私たちをご自分と和解させ、また、和解の務めを私たちに与えてくださいました。……こういうわけで、神が私たちを通して勧めておられるのですから、私たちはキリストに代わる使節なのです。私たちはキリストに代わって願います。

神と和解させていただきなさい」（Ⅱコリント五・一八、二〇）

そして信者に対しては、私たちはキリストにある一致の使節となるべきです。それによって、私たちを見ている周りの世界が、神の働き、イエス様の愛、神の家族に惹きつけられるようになるのです。実際これこそが、イエス様が十字架に向かわれる直前、信じる者たちのために祈られたことです。一致です！

「わたしは、ただこの人々のためだけでなく、彼らのことばによってわたしを信じる人々のためにも、お願いします。父よ。あなたがわたしのうちにおられ、わたしがあなたのうちにいるように、すべての人を一つにしてください。彼らもわたしたちのうちにいるようにしてください。あなたがわたしを遣わされたことを、世が信じるようになるためです。またわたしは、あなたが下さった栄光を彼らに与えました。わたしたちが一つであるように、彼らも一つになるためです。わたしは彼らのうちにいて、あなたはわたしのうちにおられます。彼らが完全に一つになるためです。また、あなたがわたしを遣わされたことと、わたしを愛されたように彼らも愛されたことを、世が知るためです」（ヨハネ一七・二〇～二三）

聖書では、分裂を引き起こす者への厳しい結果が言及されています。

「分派を作る者は、一、二度訓戒した後、除名しなさい。あなたも知っているとおり、このような人はゆがんでいて、自分で悪いと知りながら罪を犯しているのです」（テトス三・一〇、一一）

私たちの口のことばは、私たちの心の思いを証しします。

「……心に満ちていることを口が話すのです」（マタイ一二・三四）

親切、柔和、そして赦しの美しい性質を、私たちのことばと行いに適切に反映できるように、苦々しさ、憤り、怒り、怒号、悪口、そしてすべての悪意を心から除く必要があります。

「無慈悲、憤り、怒り、怒号、ののしりなどを、一切の悪意とともに、すべて捨て去りなさい。互いに親切にし、優しい心で赦し合いなさい。神も、キリストにおいてあなたがたを赦してくださったのです」（エペソ四・三一、三二）

でも時に、この命令に従うのは不可能に思えます。実際にどのように従えるのでしょうか？この問いに向き合う中で、私はとても大切なことにエペソ人への手紙三章で出会いました。

「こういうわけで、私は膝をかがめて、天と地にあるすべての家族の、「家族」という呼び名の元である御父の前に祈ります。どうか御父が、その栄光の豊かさにしたがって、内なる人に働く御霊により、力をもってあなたがたを強めてくださいますように。信仰によって、あなたがたの心のうちにキリストを住まわせてくださいますように。そして、愛に根ざし、愛に基礎を置いているあなたがたが、すべての聖徒たちとともに、その広さ、長さ、高さ、深さがどれほどであるかを理解する力を持つようになり、人知をはるかに超えたキリストの愛を知ることができますように。そのようにして、神の満ちあふれる豊かさにまで、あなたがたが満たされますように」（エペソ三・一四〜一九）

私はこうなりたいです。神様の満ちあふれる豊かさに満たされたいです。日々の傷心で簡単に破綻しないように、そして神様の力が**私の中に**働き、神様の愛が**私を通して**働いていることを証しする、赦しのメッセージを生きることができるように。

神様に満たされれば満たされるほど、私たちは自分のことばかり追い求めないようになります。神様を知り神様の道をまねるようになればなるほど、私たちは謙遜になります。そして謙遜になればなるほど、私たちは即座に神様にゆだねるようになり、悪魔を拒絶するようになり、私たちが使うことばは苦々しさと自己中心ではなく神様からの知恵に満ちるようになるのです。

「私たちは、舌で、主であり父である方をほめたたえ、同じ舌で、神の似姿に造られた人間を呪います。同じ口から賛美と呪いが出て来るのです。私の兄弟たち、そのようなことが、あってはなりません。……『神は高ぶる者には敵対し、へりくだった者には恵みを与える。』ですから、神に従い、悪魔に対抗しなさい。そうすれば、悪魔はあなたがたから逃げ去ります。……兄弟たち、互いに悪口を言い合ってはいけません。自分の兄弟につい て悪口を言ったり、さばいたりする者は、律法について悪口を言い、律法をさばいているのです。もしあなたが律法をさばくなら、律法を行う者ではなく、さばく者です」(ヤコブ三・九〜一〇、四・六〜七、一一)

ヤコブの手紙三章十四〜十六節は続けます。

「しかし、もしあなたがたの心の中に、苦々しいねたみや利己的な思いがあるなら、自慢したり、真理に逆らって偽ったりするのはやめなさい。そのような知恵は上から来たものではなく、地上のもの、肉的で悪魔的なものです。ねたみや利己的な思いのあるところに

は、秩序の乱れや、あらゆる邪悪な行いがあるからです」（ヤコブ三・一四〜一六）

私たちは聞くには早く、反応するのにはもっとずっと遅くあるべきです。

「私の愛する兄弟たち、このことをわきまえていなさい。人はだれでも、聞くのに早く、語るのに遅く、怒るのに遅くありなさい」（ヤコブ一・一九）

そしてもし話すのなら、覚えていなくてはいけません。

「柔らかな答えは憤りを鎮め、激しいことばは怒りをあおる」（箴言一五・一）

そして時に、何も言わないほうがいいときもあるのです。

「薪がなければ火が消えるように、陰口をたたく者がいなければ争いはやむ」（箴言二六・二〇）

神様が私たちを招かれることはしばしば、特異で、人間の自然な性質が願うこととは正反対のように見えるでしょう。でも私たちは人間関係において、キリストの思いを持つべきです。

「ですから、キリストにあって励ましがあり、愛の慰めがあり、御霊の交わりがあり、愛情とあわれみがあるなら、あなたがたは同じ思いとなり、同じ愛の心を持ち、心を合わせ、思いを一つにして、私の喜びを満たしてください。何事も利己的な思いや虚栄からするのではなく、へりくだって、互いに人を自分よりすぐれた者と思いなさい。それぞれ、自分のことだけでなく、ほかの人のことも顧みなさい。キリスト・イエスのうちにあるこの思いを、あなたがたの間でも抱きなさい」（ピリピ二・一～五）

傷つけられたり、不当に扱われたり、侮辱されたりするとき特に、私たちはキリストの思いがどのように働くかを見ることができます。不親切に対して親切を返すのです。神様が望んでおられることに従おうとする私たちの努力を神様が見ていてくださることと、それが祝福につながるということを忘れないでください。

「悪に対して悪を返さず、侮辱に対して侮辱を返さず、逆に祝福しなさい。あなたがたは祝福を受け継ぐために召されたのです」（Ⅰペテロ三・九）

これが可能となる唯一の道は、キリストにあって真に生かされている者として生きることです。

「こういうわけで、あなたがたはキリストとともによみがえらされたのなら、上にあるものを求めなさい。そこでは、キリストが神の右の座に着いておられます。上にあるものを思いなさい。地にあるものを思ってはなりません。あなたがたはすでに死んでいて、あなたがたのいのちは、キリストとともに神のうちに隠されているのです。あなたがたのいのちであるキリストが現れると、そのときあなたがたも、キリストとともに栄光のうちに現れます。ですから、地にあるからだの部分、すなわち、淫らな行い、汚れ、情欲、悪い欲、そして貪欲を殺してしまいなさい。貪欲は偶像礼拝です。これらのために、神の怒りが不従順の子らの上に下ります。あなたがたも以前は、そのようなものの中に生き、そのような歩みをしていました。しかし今は、これらすべてを、すなわち、怒り、憤り、悪意、ののしり、あなたがたの口から出る恥ずべきことばを捨てなさい。互いに偽りを言ってはいけません。あなたがたは古い人をその行いとともに脱ぎ捨てて、新しい人を着たのです。新しい人は、それを造られた方のかたちにしたがって新しくされ続け、真の知識に至ります。そこには、ギリシア人もユダヤ人もなく、割礼のある者もない者も、未開の人も、スキタイ人も、奴隷も自由人もありません。キリストがすべてであり、すべてのうちにおられるのです。ですから、あなたがたは神に選ばれた者、聖なる者、愛されている者として、深い慈愛の心、親切、謙遜、柔和、寛容を着なさい。互いに忍耐し合い、だれかがほかの人に不満を抱いたとしても、互いに赦し合いなさい。主があなたがたを赦してくださったように、あなたがたもそうしなさい。そして、これらすべての上に、愛を着けなさい。愛は結びの帯として完全です」（コロサイ三・一一～一四）

赦したくないという思いにさせるのは、時に自己義認です。自分はルールに従い、するべきことをし、良い選択をした……。それなのに相手が良い選択をしなかったから傷つけられたのです。でも神様だけが、相手がその選択をするに至った苦しみすべてをご存じです。それは彼らがしたことの言い訳にはなりません。でも、信じてください。私がこれを書いているのは、私自身が葛藤し、面白くもないある事実を発見してしまったからです。もし私たちが、自分は相手よりも良い人間だと思うなら、赦すことはほぼ不可能です。ですが、自分が多く赦されたことを思い出すなら、私たちも多く赦すようになるでしょう。

「すべての人は罪を犯して、神の栄光を受けることができず……」（ローマ三・二三）

「さばいてはいけません。自分がさばかれないためです。あなたがたは、自分がさばくそのさばきでさばかれ、自分が量るその秤《はかり》で量り与えられるのです」（マタイ七・一、二）

これが難しいということを、私はよく知っています。ローマの教会に手紙を書いていた使徒パウロでさえ、自分の内面の戦いの葛藤を書いています。

「そういうわけで、善を行いたいと願っている、その私に悪が存在するという原理を、私は見出します。私は、内なる人としては、神の律法を喜んでいますが、私のからだには異なる律法があって、それが私の心の律法に対して戦いを挑み、私を、からだにある罪の律法のうちにとりこにしていることが分かるのです」(ローマ七・二一〜二三)

しかしパウロは、キリストの愛が私たちを捕らえていることと、私たちがキリストに属しているのだから、新しく造られた者として生きることが可能だということを思い出させてくれます。

「というのは、キリストの愛が私たちを捕らえているからです。私たちはこう考えました。一人の人がすべての人のために死んだ以上、すべての人が死んだのである、と。キリストはすべての人のために死なれました。それは、生きている人々が、もはや自分のためにではなく、自分のために死んでよみがえった方のために生きるためです。ですから、私たちは今後、肉にしたがって人を知ろうとはしません。かつては肉にしたがってキリストを知っていたとしても、今はもうそのような知り方はしません。ですから、だれでもキリストのうちにあるなら、その人は新しく造られた者です。古いものは過ぎ去って、見よ、すべてが新しくなりました」（IIコリント五・一四〜一七）

究極的に、私たちの戦いは、血肉のある人間に対してではないということを忘れてはいけません。彼らが私たちに対抗しているわけでも、私たちが彼らに対抗しているわけでもないのです。私たちみなが敵・悪魔に対抗しているのです。そして私たちは悪に対する本当の戦いを自力で戦うように取り残されているのではありません。

「終わりに言います。主にあって、その大能の力によって強められなさい。悪魔の策略に対して堅く立つことができるように、神のすべての武具を身に着けなさい。私たちの格闘は血肉に対するものではなく、支配、力、この暗闇の世界の支配者たち、また天上にいるもろもろの悪霊に対するものです。ですから、邪悪な日に際して対抗できるように、また、一切を成し遂げて堅く立つことができるように、神のすべての武具を取りなさい。そして、堅く立ちなさい。腰には真理の帯を締め、胸には正義の胸当てを着け、足には平和の福音の備えをはきなさい。これらすべての上に、信仰の盾を取りなさい。それによって、悪い者が放つ火矢をすべて消すことができます。救いのかぶとをかぶり、御霊の剣、すなわち神のことばを取りなさい。あらゆる祈りと願いによって、どんなときにも御霊によって祈りなさい。そのために、目を覚ましていて、すべての聖徒のために、忍耐の限りを尽くして祈りなさい」(エペソ六・一〇〜一八)

最後に、私の大好きな、心を主に導いてもらうことを思い出させてくれるシンプルな聖書箇所をお分かちします。

「主があなたがたの心を導いて、神の愛とキリストの忍耐に向けさせてくださいますように」(Ⅱテサロニケ三・五)

神様のみことばに感謝します。つらい人間関係の不確かさが、私たちを感情的に行動させ反応させようとするときに、立ち返ることのできる真実の土台をみことばが与えてくれることにも感謝します。でも今私は、聖書を教える先生の立場を退いて、テーブル越しに手を伸ばし、友達としてあなたの手を握って、このどれも簡単ではないと心から認めます。赦しについて語り合うとき、あなたの人生で最もつらかった出来事の思い出を掘り起こすことになるとわかっています。ですから私がこれらすべてのことを、共感と、優しさと、恵みと、あなたの歩みへの祈りを込めて言っていると知ってください。お返しにお願いするのはただ、あなたが私のために祈ってくれることだけです。前にも言ったように、私たちは共にこの旅を進んでいるのですから。

赦しに関するQ&A

Q1　赦すのが最も難しいのは時に、自分自身です。どうすればいいですか?

この質問に共鳴します。自分の決断や、時を戻してやり直せたらと願う行動から来る恥と後悔の念を克服するのは難しいかもしれません。でも、自分を赦すということについて調べた時、その概念が聖書の中にないと知って私は少し衝撃を覚えました。そして気づきました。神様なしで救いを得ることができないのと同じように、私たちは自分自身に赦しを与えることはできないのです。赦しは神様から始まります。

私たちは裁判官ではないので、自分を赦すことができません。自分を赦すことに葛藤を覚えているように感じるとき、私たちは実際には、神様からの赦しを完全に受け取りその中に生きることに葛藤を覚えているのです。私たちの魂の敵は、私たちが罪の宣告の中に生きることを願っています。その宣告は神様からのものではありません。悪魔はさらには、私たちを、心が麻痺する

ような恥の中に生きるようにして、イエス様が十字架で完成なさった働きを証ししたくないと思わせたいのです。黙示録十二章十一節には、敵は子羊の血と私たちの証しのことばに打ち負かされると記されています。私たちがイエス様の赦しと贖いを証しするのを、サタンは可能な限り全力を尽くしてやめさせようとします。

イエス様はご自身の命をささげて私たちの罪に赦しを与えてくださいました。それは、クリスチャン信仰の単なる一**部**ではありません。赦しはクリスチャン信仰の真の要石です。罪の赦しは私たちが持っている単なる希望ではありません。自分の人生の主としてイエス様を受け入れて救いを受け取ることを選んだすべての人にとって、罪の赦しとは最も重要な現実です。

恥と後悔に対する葛藤が、私たちが赦された者として生きるのを妨げることがあります。恥と後悔は、非常に大きな重荷です。それらを、私はとてもよく理解しています。がんという重荷を背負ったことがあります。傷心という重荷を背負ったことがあります。でも恥こそが、私が経験した重荷の中で最も重いのです。

二十代前半の頃、私は中絶するという選択をしました。あとになってから、時間を戻してその決断を変えたいと、全身全霊で願いました。でもそれは不可能でした。自分が下した決断を変えるためにできることが何もないということは、私を悲しみで満たしました。赤ちゃんのことを思い出すときはいつでも、中絶クリニックが私に信じ込ませた嘘に恐怖を覚えました。それはただ分裂を繰り返す細胞だと彼らは言いました。私は後に、命は受精から始まると気づき、打ちのめされました。

誰かが中絶について厳しく語るとき、私は恥でいっぱいになりました。解放される日が来るとは思えませんでした。私が知りうる限りもっとも大きな痛みを伴う後悔と悲しみと喪失の終身刑のように感じました。

私はよく「自分を赦せない」と言っていました。それの意味するところは「私のような人が赦されることはありえない。自分がしたことに対する恥の感情から解放される日が来るとは思えない」ということでした。

やがて次の三つのことが、私が神様の赦しを完全に受け取ることと、私を責める恥の重みから抜け出すことを助けてくれました。

1　詩篇三十二篇五節を読んだ時、告白し、悔い改め、神様に赦しを求める時間を取り分ける必要があると気づきました。「私は自分の罪をあなたに知らせ／自分の咎を隠しませんでした。私は言いました。『私の背きを主に告白しよう』と。すると　あなたは私の罪のとがめを／赦してくださいました」。私はこれを一人ではできませんでした。誰かに証人になってもらうことにより、自分が神様に赦しを願い、そして赦されたということを忘れないようにしたかったからです。私はまた、神様の赦しを受け取ったと宣言しました。それにより、神様のあわれみの贈り物を自分が認めたというはっきりした記憶を作りました。

J・I・パッカーが書いたように、「赦しというのは、キリストにある信仰によってのみ可能であり人間の働きの結果ではないというのは真実だが、悔い改めは信仰の実であり、悔い改めが伴わない信仰告白は真実ではない[注1]」のです。

2　恥と責めは敵から来るということを思い出さなくてはいけませんでした。自分の行いを闇に隠し続けさせることによって、人々を恥の虜《とりこ》にするのが、敵のお気に入りの手段です。自分がしたことを人に言うのは本当に怖いことでしたが、もし私のように情報不足であの同じ決断をする恐れがある若い女性がいるなら、自分の物語をシェアすると神様に申し上げました。やがて、自分のつらい物語を良いことのために神様に用いていただくようになり、贖いを垣間見ることができるようになりました。敵があんなにひどいことのために意図したことを神様が良いことのために用いられるという事実は、私の悲しみを取り去りはしませんでしたが、私の恥を癒やし始めました。

3　自分の経験を、心をやわらかくするために使いました。恐ろしい間違いを犯すことがどういうことか知っているので、他の人が恐ろしい間違いを犯すときに同情心を持っていられました。この本の中で、同情や思いやりという名のもとに、どんな行動をも受け入れていいわけではないとお話ししたことを覚えていますか。ですが同時に、思いやりのある態度は、他者を恥じさせないことの助けになります。あの悲惨な恥の重みを、私は誰にも負ってほしくありません。もし私がその重みを負った経験がなかったら、私は今ほど他人に対して敏感ではなかったでしょう。

恥は神様から来るものではありません。責めも神様から来るものではありません。自分の行いを告白してください。神様に赦しを乞うてください。神様の赦しを受け取ってください。神様の自由の中に生きてください。贖いという、真実の最も偉大な証しを生きてください。

Q2　赦しは人間関係の中で普遍的に起こることです。しかし、自分の人間関係が不健全な領域に達してしまったとき、どのようにしてそれを知ることができるでしょうか。境界線に関する章で、イネーブリングの話が出ましたが、共依存という用語も聞いたことがあります。共依存の特徴はどんなものですか。またそれらは不健全な人間関係にどのように表れますか。

愛する人が痛みを覚えるとき、私たちは共感することができます。共感するべきです。しかし、境界線の章でもお話ししたように、彼らの悪い行動——特にそれが何度も繰り返されるとき——が私たちを傷つけていることを正当化し、取るに足らないことだと自分に言い聞かせたり、ある日彼らが正気になって、私たちをヒーローと呼んでくれる日を夢見たりすることによってイネーブリングするとき、私たちは危険な領域にいます。大抵の場合、彼らの機能不全をイネーブリングしてしまうことになるのです。

このような場合に、カウンセリングの世界で、人間関係における**依存症**や**共依存**という用語を耳にし始めることでしょう。

以下の引用が、私たちが話してきたことを端的にまとめています。

「粗末な境界線のもう一つの影響は、他者が問題を抱えているときに、あなたが自分をあきらめてまでも相手を助けたいと思う点です。他者に対して共感と同情を覚えるのは自然なことですが、自分よりも他者を優先するときに共依存が始まるのです。実際、彼らは他者を助けることを必要としており、その他者が助けを望まない場合には拒絶されたと感じることもあります。さらに彼らは、その他者が明らかに助言に従っていない場合でも、彼らを助けたり治したりしようとし続けるのです[注2]」

私は**共依存**という用語を初めて聞いたとき、恐怖を感じました。そのレッテルが極端で、永久的で、裁きを思わせたからです。しかし適切な境界線の欠如から来る人間関係の機能不全について学ぶ中で、これらの用語はとても有益な気づきを与えてくれると思い至りました。複雑で正式な診断を下せるのはその道のプロだけですが、**共依存**の定義だけでも私たちの目を開くには充分です。

以下の三つの点が、特に考察の価値があると思います。

1　共依存は、一人の人がほぼすべての感情的な必要、また自己肯定感に関する必要を相手に依存する、機能不全で一方的な関係を特徴とします。またそれは、無責任で、依存的で、達成不能な行動を維持させるように相手をイネーブリングする関係性のことです。[注3]

2　共依存者の多くは他者の必要に過度に没頭し、自分の必要を優先しません。共依存は、家族、職場、友人、恋愛、仲間、もしくは共同体というあらゆる関係性の中で起こりえます。[注4]

3　共依存から回復しようとするとき、人は過剰な受け身状態や過剰な自己犠牲から、過剰に攻撃的になったり過剰に自己中心的になったりする場合があります。[注5] 多くのセラピストは、（思いやりのある人間であり続け、健全で思いやりのある行動をするという余白を残した上での）健全な自己主張を通してバランスを見つけることこそが共依存からの真の回復であり、極端に自己中心的になったり、いじめをしたり、争いに取りつかれたりすることではないと主張します。[注6]

繰り返しますが、これらの臨床的所見は、難しい人間関係を査定するためのレンズではありません。また、他者を変える武器でもないことは言うまでもありません。むしろこれらは、気づきの道具です。健全な人間関係というのは、健全な個人によってもたらされると気づかせてくれます。彼らは自分自身の限界への健全な理解と、とっさに下す極端な判断ではなく落ち着いた心によって、境界線を引く能力を持っています。健全な人間関係の中にある人々は、大きな意味での人間関係が豊かになるのを助ける、健全な考え、パターン、態度、行動、そして反応を自分自身に求めるのです。

関係性が豊かでないときというのは、往々にして不健全な要素が入ってきたときです。不健全の兆候を見極められるということと、自分のこととして受け止めるべき部分とそうでない部分を知ることができるというのは、健全な境界線を引く重要な利点です。

必要な助けを得るために

親愛なる友へ

この本は、あなたがつらい時期を乗り越えたり、深い痛みを理解したりするのにまさに必要なものかもしれません。あるいは、この本があなたの癒やしへの出発点かもしれません。私は資格を持つカウンセラーではありませんし、この本はセラピーの代わりにもなりません。ですから、知っていてください。資格を持ったクリスチャンカウンセラーに導いてもらう必要のある難しい現実も、人生にはあります。カウンセリングの必要性を正直に見つめてください。私自身も、人生の最も暗い時期に愛を持って導いてくれた専門家の助けに感謝しています。助けてくれるプロのカウンセラーたちが、イエス様と深く真剣な関係を持っていること、そして戦いは身体的なものであると同時に霊的なものでもあると理解していることは、私にとって重要なことでした。

あなたも、もし必要を感じていらっしゃるなら、教会の牧師やクリスチャンの友人、インターネットなどを通して、ふさわしいクリスチャンカウンセラーを探してみてください。

あなたのためにお祈りしています、親愛なる友よ。

大いなる愛を込めて、リサ

虐待について考慮すべき大切なこと

この本の中で何度か、虐待や機能不全な行動を容認すべきではないと書きました。私の個人的な虐待の経験をお読みになったあなたならおわかりだと思いますが、虐待という過酷な現実に向き合っているすべての人に対して、私はやわらかい心と、深い同情心を持っています。この情報をお分かちしたかった理由は二つあります。一つは、あなたを思いやる私の気持ちを示すため、そしてもう一つは、虐待の定義を明らかにし、もしあなたが虐待されているなら助けを見つけられるようにするためです。

サイコロジー・トゥデイ[注1]に掲載された記事の中に、虐待の定義を見つけました。

「家庭内の虐待は、行動面について言えば多種多様であり、感情面について言えば複雑である。それは常に力と支配に満ちた関係性の中で起こり、その関係性が感情的そして身体的虐待を継続させる。
虐待は身体的（物を投げる、押しのける、体のどこかをつかむ、道をふさぐ、平手打ちする、叩く、引っかく、あざをつける、やけどさせる、切りつける、怪我をさせる、骨を折る、挫傷させる、臓器を傷つける、後遺症の残る怪我をさせる、あるいは究極的には殺人など）、性的（思わせぶりな態度、性的な誘惑、望まれなかったり不適切だったりする抱擁、キス、性的な部分の愛撫、オーラルセックス、あるいは何であれ強制的な性的行為など）、または感情的（ネグレクト、嫌がらせ、侮辱、脅し、悪意に満ちた策略、恐喝、不当に処罰する、残酷あるいは下劣な義務を課す、監禁、見捨てる、など）に行われる」

では、虐待について聖書はどう言っているでしょうか。ここに挙げたような状況の中で私たちは赦しに関してどうすべきでしょうか。パウロがテモテに宛てた手紙を見てみましょう。

「終わりの日には困難な時代が来ることを、承知していなさい。そのときに人々は、自分だけを愛し、金銭を愛し、大言壮語し、高ぶり、神を冒瀆し、両親に従わず、恩知らずで、汚れた者になります。また、情け知らずで、人と和解せず、中傷し、自制できず、粗野で、善を好まない者になり、人を裏切り、向こう見ずで、思い上がり、神よりも快楽を愛する者になり、見かけは敬虔であっても、敬虔の力を否定する者になります。こういう人たち

を避けなさい」（Ⅱテモテ三・一～五）

このように、虐待する人を避けなさいとはっきり記されている箇所があってよかったと思います。けれどもどうやって彼らを避けるのか、そしてこれが私たちの日々の現実でどのように実行されるのかはとても複雑です。難しい人間関係に、一般的な方法を公式のように適用するのは不可能です。するべきことそのための方法を知るには、整理されるべき多くの要素があります。そしてそれは、危険を認知する訓練、加えて虐待関係にある人々を助ける訓練を受けた人々と共に整理すべきです。

以下のようなことを考えてみましょう。

◇私たちの人生に語りかける知恵に満ちた人がいてくれること、そして信仰深いメンターや信頼できる友人と共に人生の悩みに向き合うのは良いことです。

「あなたがたのうちで、知恵があり、分別のある人はだれでしょうか。その人はその知恵にふさわしい柔和な行いを、立派な生き方によって示しなさい。しかし、もしあなたがたの心の中に、苦々しいねたみや利己的な思いがあるなら、自慢したり、真理に逆らって偽ったりするのはやめなさい。そのような知恵は上から来たものではなく、地上のもの、肉的で悪魔的なものです。ねたみや利己的な思いのあるところには、秩序の乱れや、あらゆる邪悪な行いがあるからです。しかし、上からの知恵は、まず第一に清いものです。それから、平和で、優しく、協調性があり、あわれみと良い実に満ち、偏見がなく、偽善もありません。義の実を結ばせる種は、平和をつくる人々によって平和のうちに蒔かれるのです」(ヤコブ三・一三〜一八)

◇この聖書箇所が語るような、知恵を語ってくれる信頼できる友人や信仰深いメンターは、私たちが物事を見極めるのを助けてくれます。誰かの行動が一線を超えていて、専門家であるカウンセラーのところに持っていくべきなのか、あるいはもっと緊急で、しかるべき権威のところに持っていくべきか判断するのを助けてくれるのです。

あなたの教会にも、信頼できるクリスチャンカウンセラーについての情報があるかもしれません。

友よ、知っていてください。あなたは愛されています。あなたは一人ではありません。そしてあなたは、助けなしに歩まなくてよいのです。思い出してください。あなたを苦しめている人は、訓練を受けたプロだけが与えられる助けを必要としています。しかるべき権威を頼ることは、愛のない行為ではありません。むしろ、それはあなたと、そして彼らの安全のためなのです。

謝辞

アートへ。日々の暮らしの中で二番めに幸せな瞬間は、「私のいちばん大好きな人」とあなたに言う瞬間です。最も幸せな瞬間は、あなたが「きみだけが僕の大切な人」と言ってくれる瞬間です。愛してる。この本が語るメッセージを、あなたと共に勇敢に生きることができて光栄です。このメッセージが世界に放たれるように、執筆するのを励ましてくれてありがとう。

ジャクソン、アマンダ、マイケル、ホープ、デビッド、アシュレー、ニック、ブルック、そしてマークへ。あなたたちは誰よりも勇敢で、共に生きるのにあなたたち以上に楽しい人はいません。私は幼い頃、将来の自分の子どもたちを夢見ました。あなたたちはその夢より百万倍素晴らしいです。いつでも家族でゲームするのを嫌がらないでいてくれて、そして私が永遠に永遠にナーツのチャンピオンだと認めてくれてありがとう、アーメン！

セレーナ、スージー、そしてライサーへ。あなたたちのおばあちゃんでいることは、私にとって喜びです。あなたたちが自由に生き、深く笑い、心からの喜びをもって歌い、少しも躊躇せずにダンスするのを見るのは私の宝です。永遠に愛しているわ。

メレディス、リサ、バーブ、そしてグリニス。働く上で、あなたたち以上のチームは想像することもできません。私たちの長年の友情と協働関係に、ことばを超えて感謝しています。

ホープへ。意味のある六万ものことばを紡ごうなんて大それたことに挑戦する著者の傍らにはいつでも、著者が自分の軸からぶれないようにと自己犠牲を払ってくれる人がいます。人生でどんなことがあっても、いつも私のそばにいてくれてありがとう。あなたを娘と呼べることは大きな喜びで、友と呼べることはもっと嬉しいことです。

ジョエルへ。あなたの神学的聡明さと、あなたと共に何千時間も聖書を学んだことなしでは、私のメッセージはまったく違うものになっていたことでしょう。あなたと共に過ごす人みんなを、私たちが仕える素晴らしい神様にもっと頼りたい、神様をもっと知りたい、と思わせてくれてありがとう。

レアへ。あなたがいてくれなかったら、このメッセージは、間違いだらけのファイル名の大混乱に紛れて、失われてしまっていたことでしょう。私のことばをあなたが世界へと届けてくれることは、神様からの贈り物です。すべての本の「レアの章」が私のいちばんのお気に入りだって、あなたは知っているわよね。

シェイへ。あなたはあらゆる面で、イエス様のメッセージを美しく体現しています。なぜこの本を書けないかというリストを私が作った時、あきらめさせないでくれてありがとう。あなたは私がこのメッセージを反芻するのを隅から隅まで聞いてくれたのに、毎回、何か新しいことを学んだと言って教えてくれたわね。私を信じてくれてありがとう。

アマンダ、クリステン、そしてテイラーへ。あなたたちの、「何でもできる」という姿勢と、犠牲をいとわない魂は、全き喜びです。チームと、私の執筆にどれだけ尽くしてくれたかということに、どうやって感謝したらいいでしょう。自分自身のもののように、このメッセージを大切に思ってくれてありがとう。

キンバリーへ。あなたからの最初の手紙を忘れません。私とレアがずっと祈っていた祈りの答えを神様が送ってくださったと確信しました。引き受けてくれてありがとう。このメッセージの聖書研究会を始めるのを手伝ってくれて、そして何時間も費やしてその会が良くなるように助けてくれてありがとう。

ケイリー、マディ、ライリー、アリソン、ケルシー、ミカエラ、アンナ、ヘイリー、ジェン、メーガン、ビクトリア、メラニー、ブリタニー、そしてメグへ。あなたたちの独創的な才能、芸術的な観察力、そして私たちの働きとことばを美しくするための情熱は、毎日私にインスピレーションを与えてくれます。一緒に取り組むプロジェクトすべてに、こんなにも自由に自分自身をささげてくれてありがとう。この本のいたるところに、あなたたちの足跡が踊っています。

トリへ。「本を表紙で判断するな」という問題が、この本には当てはまらないようにしてくれてありがとう。あなたのデザインを見た瞬間、この本の内容に完璧にマッチしていると思いました。私の何千ものことばと何百万もの涙を、あなたの表現方法と勇気と恵みでとらえてくれてありがとう。

プロバーブズ31ミニストリーズの私のチームのみんなへ。あなたたちは最高に親切で、柔軟で、一生懸命で、イエス様を愛していて、そして聡明です。私たちの使命を前進させるあなたたちには、あらゆるリーダーがチームにこうであってほしいと夢見る素質があります。その中でも最高なのは、あなたたちが、すべての人を、すべての電話を、助けを求めるすべての叫びを、そして福音を分かち合うすべての機会を、深く心に留めていることです。あなたたちを愛しています。

プロバーブズ31ミニストリーズの役員会の皆さんへ。あなたたちは、私が出会った中でも最上の人たちです。あなたたちの知恵、福音への情熱、そしてイエス様を必要としている人々への愛は、私にインスピレーションを与え、夢を見続ける力を与えてくれます。

ジムへ。あなたは目に映る以上のものを見て、大胆に将来の可能性を思い描いてくれました。このメッセージが、あなたの前に座ったボロボロの私にとって空想でしかなかった時、あなたは私の魂に尊厳、癒やし、そして希望を語ってくれました。あなたは驚くべきカウンセラーであり友人です。

ギラへ。私の聡明な師であり友よ。私とこのメッセージにあなたが注いでくれたすべてに感謝してもしきれません。あなたと学んでから、聖書はまったく違って見えます。またあなたと一緒に聖地に行って学ぶのを楽しみにしています。

トーマスネルソンの私のチームのみんな、ジェシカ、ジェニーン、マーク、ティム、エリカ、ドン、ローラ、マッケンジー、クリステン、そしてジョンへ。信頼できるチームでいてくれてありがとう。及第点のことばで満足させないでくれてありがとう。そして一歩踏み込んで、この本があなたたちに個人的にどんな意味を持ったかを見せてくれてありがとう。素晴らしい同僚というだけでなく、あなたたちは素敵な心を持った素晴らしい友人です。

メグ、ドリス、ジェレミー、メル、そしてローリへ。あなたたちといると人生はさらに美しくなり、整頓され、健康的になり、そしてずっと耐えやすくなります。私のクレイジーな考えにいのちを吹き込むのをあなたたちが助けてくれるのは、本当に特別なことです。私と私の家族のことを気にかけてくれてありがとう。

アダムとアレンへ。あなたたちが物事を建て上げるのは、レンガとしっくいによってだけではありません。あなたたちは心を込めて、目的を持ち、細心の注意を払い、そこで生きていくことになる人たちへの愛を持って建物を築き上げます。あなたたちがビジョンにいのちを吹き込む方法を心得ていることを、私はいつも感謝しています。

牧師とホリー、チャンクス、そしてエイミーへ。あなたたちエレベーション一家を愛しています。毎週、真実といのちを私の家族に語ってくれて感謝しています。

ジョンとアンジー、ボブとミシェル、コレットとハンプ、クリスとタミー、ウェスとレイシーへ。あなたたちがいるから、今の私たちがあります。私の家族へのあなたたちの愛は、夢のようです。あなたたちと一緒なら、私は水鉄砲で地獄に立ち向かえるでしょう。

シェリー、リサB、リサH、そしてクリスティーンへ。あなたたちは友であり、姉妹であり、勇士であり、祈りのパートナーであり、魂を引き上げてくれる人であり、いのちを与えてくれる人です。私がこのメッセージを見つけるのを手伝ってくれました。

このメッセージのフォーカスグループに参加して、赦しに対する自分の物語、葛藤、勝利を勇敢にも分かち合ってくれた、素晴らしい女性たち。

聖書研究レビューグループのレア、ジョエル、キンバリー、アマンダ、ウェンディ、ニコール、そしてエイミーへ。このメッセージ全体を最初に読んでくれて、そして勇敢にもそのメッセージにあなたたち自身を開いてくれてありがとう。あなたたちの目が輝くのを見て、これを世に放つべきときだとわかりました。

私の読者であり友人であるあなたへ。ページ上に印刷された文字とインク越しに出会うのではなく、私のグレーテーブルでお話しできたらいいのにと願っています。でも今は、これも良いですね。いつか、私の家で近況報告をしましょう。あなたを信じています。愛を込めて。

原注

第二章　私のテーブルへようこそ

1　『キリスト教の精髄』（C・S・ルイス宗教著作集4）柳生直行訳、新教出版社

第四章　こんなふうに感じているのに赦しなんて可能ですか？

1　Bessel van der Kolk, *The Body Keeps the Score: Brain, Mind, and Body in the Healing of Trauma* (New York: Penguin, 2014), 54–55.

2　イエスの血潮が罪を覆うというイメージは重要であり、罪の贖いのためにささげ物をささげるという旧約聖書の慣習に深く根ざしています〈レビ一・四〜五、一七・一一〉。旧約聖書では動物がささげられ血が流されても、やがてまた別のいけにえをささげ、さらに血を流す必要がありました。しかし、キリストにあって私たちには、C・S・ルイスがいう「驚くべき交換」が与えられています。イエスこそが最後にして究極のいけにえであり、イエスの血は私たちのすべての罪を覆うのに充分なのです。ですから、神が信徒を見る時、もはや罪を見ることはなく、私たちがキリストを着ているのをご覧になります〈ガラテヤ三・二七〉。それは私たちの罪のためのキリストの十字架での犠牲のゆえです〈ヘブル九・一二〉。

第六章　点をつなげる

1 Lysa TerKeurst, *It's Not Supposed to Be This Way* (Nashville: Thomas Nelson, 2018), 62.

2 J. H. Merle D'Aubigné, *History of the Great Reformation of the Sixteenth Century in Germany, Switzerland, etc.*, trans. H. White, vol.4 (New York: RobertCarter, 1846), 183.

第七章　点を正す

1 Kat Eschner,"The Story of the Real Canary in the Coal Mine,"*Smithsonian Magazine*, December 30, 2016, https://www.smithsonianmag.com/smart-news/story -real-canary-coal-mine-180961570/.

第八章　変えられないものは赦せない

1 Augustine of Hippo,"A Treatise on the Merits and Forgiveness of Sins, and on the Baptism of Infants," in Saint Augustine: Anti-Pelagian Writings,ed. Philip Schaff, trans. Peter Holmes, vol. 5, *A Select Library of the Nicene and Post-Nicene Fathers of the Christian Church, First Series* (New York: Christian Literature Company, 1887), 53.

2 Walter Grundmann, "Δύναμαι, Δυνατός, Δυνατέω, 'Αδύνατος,'Αδυνατέω, Δύναμις, Δυνάστης, Δυναμόω, 'Ενδυναμόω," ed. Gerhard Kittel, Geoffrey W. Bromiley, and Gerhard Friedrich, *Theological Dictionary of the*

New Testament (Grand Rapids, MI: Eerdmans,1964–), 284.

第十章　神様が救ってくれると思ったのに

1　*Merriam-Webster's Dictionary*, s.v. "hope," https://www.merriam-webster.com/dictionary/hope.

2　Seth Stephens-Davidowitz, "Googling for God," *New York Times*, September 19, 2015, https://www.nytimes.com/2015/09/20/opinion/sunday/seth-stephens-davidowitz-googling-for-god.html.

3　C. H. Spurgeon, "Sorrow at the Cross Turned into Joy," in *The Metropolitan Tabernacle Pulpit Sermons*, vol. 24(London: Passmore& Alabaster, 1878), 614.

第十一章　神を赦す

1　『キリスト教の精髄』（C・S・ルイス宗教著作集４）柳生直行訳、新教出版社

第十二章　失うことによって得るもの

1　Audrey Gordon, "A Psychological Interpretation of the Laws of Mourning," *My Jewish Learning*, https://www.myjewishlearning.com/article/a-psychological-interpretation-of-the-laws-of-mourning/.

第十三章　苦々しい思いは嘘の約束をする

1 Geerhardus Vos,“Peace,”ed. James Hastings, *Dictionary of the Apostolic Church,* 2vols., (New York: Charles Scribner’s Sons,1916–1918), 159.

赦しに関して聖書が実際に言っていること

1 Charles Spurgeon, “Divine Forgiveness Admired and Imitated: A Sermon Delivered on the Lord’s Day Morning, May 17th, 1885 by C. H. Spurgeon at the Metropolitan Tabernacle, Newington,” no.1841, section II, in *The Complete Works of Spurgeon, Volume 31:Sermons 1816–1876* (Ft. Collins, CO: Delmarva Publications, 2013).

赦しに関するQ＆A

1 J. I. Packer, *Growing in Christ* (Wheaton, IL: Crossway Books,1994), 193.

2 Darlene Lancer,“Symptoms of Codependency,” Psych Central website, October 8, 2018, https://psychcentral.com/lib/symptoms-of-codepndency.

3 Lancer, “Symptoms of Codependency.”

4 Codependents Anonymous: Patterns and Characteristics Archived 2013-08-24 at the Wayback Machine.

5 R. H. Moos, J. W. Finney, and R. C. Cronkite, *Alcoholism Treatment:Context, Process and Outcome* (New

York: Oxford Univ. Press, 1990).

6 Glenn Affleck, Howard Tennen, Sydney Croog, and Sol Levine, "Causal Attribution, Perceived Benefits, and Morbidity After a Heart Attack: An 8-Year Study," *Journal of Consulting and Clinical Psychology* 55(1): 29–35, doi:10.1037/0022-006X.55.1.29. PMID 3571655.

必要な助けを得るために

1 Blake Griffin Edwards, "Secret Dynamics of Emotional, Sexual, and Physical Abuse," *Psychology Today*, February 23, 2019, https://www.psychologytoday.com/us/blog/progress-notes/201902/secret-dynamics-emotional-sexual-and-physical-abuse.

訳者あとがき

本書の大きなテーマは「赦し」です。多くのクリスチャンは、赦しに関して「正しい答え」を持っています。赦すべきだと、私たちは知っています。「でも、どうやって？　なぜ？　いつ？」と著者であるリサは私たちと共に葛藤してくれます。「イエス様のように赦せと言われても、私はイエス様じゃない！」と叫び、神様を信じているはずなのに苦しい、神様が善いお方だと知っているからこそ苦しい、と等身大の姿を見せてくれます。失敗や、後退や、私だったら恥ずかしくて隠しておきたいようなこと、あるいは幼い頃からの自分の歴史までも、赤裸々に語ってくれます。彼女の正直さの中で私たちも安心して、自分を形作ってきた信念や、なぜ今自分が生きているように生きているのかを正直に振り返り、それらの点をつなげ、そして正すことができるのではないでしょうか。

リサは、赦しなさいとは言いません。ただあなたを傷つけた人からの影響力を取り除くことを考えてみてほしい、痛みがあなたに与えている不公平な呪縛から解放されるためのお手伝いをしたい、と言ってくれます。傷は、その痛みに無関係の、私たちの周りの人たちにも影響を及ぼし、私たちの人生に対する視点も曇らせるからです。原書の副題には「前進し、痛みを伴う記憶と和解し、美しい人生を再構築するための方法を見出す」とあります。今日までの人生で起こったさまざまな出来事のゆえに、また日々の葛藤のゆえに、人生の美しさを見出すのが難しくなることは多々あります。でも、悲しいことが人生に起こっているとしても、私たちの人生は痛みと美しさの、恵みに満ちたコンビネーションになりうるとリサは教えてくれます。

またリサは、赦しというのは決断であると同時に過程でもあると語ります。赦しとは日々の積み重ねであり、私たちは旅路の途上にあるのです。私たちが日々すべきことは、赦し続け、人生の美しさに目を向けるという決断をし続けることです。目の前に広がる光景が、私たちが祈り願ったものと違っても、それを神様からの祈りの答えと見ることを選び続けることです。その歩みが簡単でも、まっすぐでもないことを、リサは自分の例を通して見せてくれます。けれども、いえだからこそ、一歩一歩、今までよりも健康的な決断を一つでも多くできるようにと励ましてくれます。私たちは傷ついているけれど、喜ばれ、受け入れられ、愛されている存在だからです。

本書を読み終えた今、あなたもリサとグレーのテーブルで、さまざまなことを語り合ったように感じているのではないでしょうか。本書が、あなたが人生の美しさに再び気づくお手伝いが少しでもできれば幸いに思います。翻訳出版にあたりご尽力くださった、いのちのことば社の結城絵美子さんと、また本書の企画持ち込みと翻訳をそばで励まし続けてくれた夫と息子に感謝します。主の御名を讃えつつ。

二〇二三年八月

髙野美帆

リサ・ターカースト

プロバーブス31ミニストリーズの代表。ベストセラーになった *It's Not Supposed to Be This Way, Uninvited, The Best Yes* の他に21冊 の著書を持つ。家族とともにノースキャロライナ州シャーロットに在住。

高野美帆

福島県出身。JECA新湊キリスト教会会員。プロビデンス神学大学院教育学修士課程修了。現在、富山大学講師。牧師の夫との間に息子が1人。

忘れられない仕打ちを赦す

私がたどった解放への旅路

2023年10月25日発行

著者　リサ・ターカースト

訳者　高野美帆

発行 いのちのことば社
〒164-0001 東京都中野区中野2-1-5
編集 Tel.03-5341-6924 Fax. 03-5341-6932
営業 Tel.03-5341-6920 Fax. 03-5341-6921

新刊情報はこちら

装丁　Yoshida grafica 吉田ようこ

印刷・製本　モリモト印刷株式会社

聖書 新改訳2017©2017 新日本聖書刊行会

落丁・乱丁はお取り替えいたします。　Printed in Japan

ISBN978-4-264-04451-2